JN303418

お花屋さんでフランス語

酒巻洋子

SANSHUSHA

パリの街でよく見かけるのが巨大な花束を抱えた男性。これからデートなのでしょうか、それとも愛の告白？ 何かの記念日なのかもしれません。もちろん花束を持った女性も見かけます。ディナーに招かれているのか、両親へのプレゼント？ 自宅を飾るためだってアリです。特別な日だけではなく、パリジャンたちにとって花を贈ることはごく日常的なこと。それを証明するかのように、パリのいたるところにあるのがお花屋さん（fleuriste [フルーリスト]）です。季節によって異なる色合いの花々が並び、美しく飾られたショーウインドーで通り過ぎる人々をも楽しませてくれます。

パリを彩るのはお花屋さんだけではありません。パリ20区の外側にはブローニュとヴァンセンヌの2つの広大な森（bois [ボワ]）(m.)）、パリ内には square [スクワール]（m.）、jardin [ジャルダン]（m.）、parc [パルク]（m.）のさまざまな大きさの公園。さらに遊歩道（allée [アレ]（f.））から大通り（boulevard [ブールヴァール]（m.）、セーヌ川の川岸（quai

[ヶ] (*m.*)) など、多くの場所に並木が連なっています。それらは美しい街、パリをさらに着飾るのに必要不可欠なもの。もし、これらの自然の色合いがなければ、石造りのグレーの建物が並ぶパリは、色のない寒々しい街並みと化し、魅力も半減してしまったことでしょう。

そんなパリを彩る花や樹木とともにフランス語を学ぼうというのが本書の主旨です。日本でも花束を贈る際には、フランス語の花言葉を添えてみてはいかがでしょうか？そしてパリを訪れたなら、お花屋さんで花束を買ってみたり、お散歩しながら街を代表する樹木を、ぜひ探してみてください。でも、花の名前をフランス語で覚えたところで、実際にはあまり有用ではないかもしれません。それでもパリジャンたちが花で日常生活を彩るように、パリの街が緑で美しく潤されるように、本書でフランス語力を豊かしていただければ幸いです。

		002
はじめに		002

Chapitre 1
お花屋さんで花を買う 006

花を買う	008
プレゼント用に買う	012
配達してもらう	016
メッセージをつける	020

Chapitre 2
パリを彩る花と樹木 024

パリの主な公園	026
図鑑の見方	032

花 編

Ancolie	オダマキ	036
Anémone	アネモネ	038
Arum	カラー	039
Astilbe	アスチルベ	040
Azalée	アザレア	041
Belle de jour	三色ヒルガオ	042
Bleuet	ヤグルマギク	043
Bouton d'or	ミヤマキンポウゲ	044
Bruyère	ヘザー	046
Cactus	サボテン	047
Camomille	カモミール	048
Campanule	カンパニュラ	049
Carthume	ベニバナ	050
Chardon	アザミ	051
Cœur de Marie	ケマンソウ	052
Colza	菜の花	053
Cosmos	コスモス	054
Cyclamen	シクラメン	055
Dahlia	ダリア	056
Freesia	フリージア	058
Fuchsia	フクシア	059
Géranium	ゼラニウム	062
Gerbera	ガーベラ	064
Giroflée	ストック	065
Gypsophile	カスミソウ	066
Hibiscus	ハイビスカス	067
Hortensia	アジサイ	068
Iris	アイリス	070
Jacinthe	ヒヤシンス	072
Jonquille	黄水仙	074
Lavande	ラベンダー	076
Lilas	ライラック	077
Lis (Lys)	ユリ	078
Lupin	ルピナス	079
Marguerite	フランスギク	080
Mimosa	ミモザ	081
Muguet	スズラン	082
Myosotis	ワスレナグサ	083

SOMMAIRE

	Narcisse	水仙	086
	Nénuphar	スイレン	087
	Nivéole d'été	スノーフレーク	088
	Œillet	カーネーション	089
	Œillet d'Inde	マリーゴールド	090
	Orchidée	ラン	091
	Pavot	ケシ	092
	Pensée	パンジー	093
	Perce-neige	スノードロップ	094
	Physalis	ホオズキ	095
	Pivoine	ボタン	096
	Pois de senteur	スイートピー	097
	Reine-marguerite	エゾギク	098
	Rose	バラ	100
	Rose de Noël	クリスマスローズ	102
	Rudbeckia	ルドベキア	103
	Scabieuse	マツムシソウ	104
	Tournesol	ヒマワリ	105
	Tulipe	チューリップ	106
	Zinnia	ヒャクニチソウ	107
樹木 編	Arbre à soie	ネムノキ	110
	Arbre de judée	セイヨウハナズオウ	111
	Catalpa	キササゲ	112
	Cerisier à fleur	サクラ	114
	Corète du Japon	ヤマブキ	116
	Cytise	キングサリ	117
	Faux acacia	ニセアカシア	118
	Forsythia	レンギョウ	120
	Ginkgo	イチョウ	122
	Glycine	フジ	123
	Gui	ヤドリギ	124
	If	ヨーロッパイチイ	128
	Magnolia	モクレン	129
	Marronnier	マロニエ	130
	Orme	ニレ	132
	Paulownia	キリ	133
	Platane	プラタナス	134
	Tamaris	ギョリュウ	136
	Tilleul	ボダイジュ	138
	Vigne vierge	ツタ	139
コラム	フランスで花を贈る主な機会		022
	花の各名称		060
	色言葉		084
	フランスのクリスマス飾り		108
	樹木の各名称		126
	果樹の名前		140
	撮影協力店		142

⚠ 本書では、状況に応じて単語に定冠詞、不定冠詞、部分冠詞を明記しています。一見して男性名詞か女性名詞か分からない場合は、男性名詞には (*m.*)、女性名詞には (*f.*) を表記しています。

	男性単数	女性単数	部分単数
定冠詞	le (l')	la (l')	les
不定冠詞	un	une	des
部分冠詞	du (de l')	de la (de l')	

Chapitre 1

お花屋さんで花を買う

華やかに飾られたショーウインドー、センスが光るフラワーアレンジメントに、お花屋さんの前でついつい足が止まってしまいます。せっかくならば覗いているだけでなく、店に入って会話を楽しんでみてはいかがですか？ 旅行者だって花を1輪だけでも買ってホテルに飾れば、パリ滞在がより彩りのあるものになることでしょう。

花を買う

Bonjour monsieur.
[ボンジュール・ムスィユー]
こんにちは。

Je voudrais un bouquet de roses.
[ジュ・ヴドレ・アン・ブーケ・ドゥ・ローズ]
バラの花束が欲しいのですが。

Quelle couleur voulez-vous?
[ケル・クルール・ヴレ・ヴ]
何色がよろしいでしょうか？

J'en voudrais des roses.
[ジョン・ヴドレ・デ・ローズ]
ピンクが欲しいです。

Vous en voulez combien?
[ヴザン・ヴレ・コンビヤン]
何本にしましょうか？

Combien coûte une rose?
[コンビヤン・クート・ユンヌ・ローズ]
バラ1本はいくらですか？

Elle coûte deux euros.
[エル・クート・ドゥーズユーロ]
2ユーロです。

J'en prends dix.
[ジャン・プラン・ディス]
10本いただきます。

Ça fait vingt euros, s'il vous plaît.
[サ・フェ・ヴァンテューロ・シル・ヴ・プレ]
20ユーロになります。

Merci, au revoir.
[メルスィ、オーヴォワール]
ありがとう、さようなら。

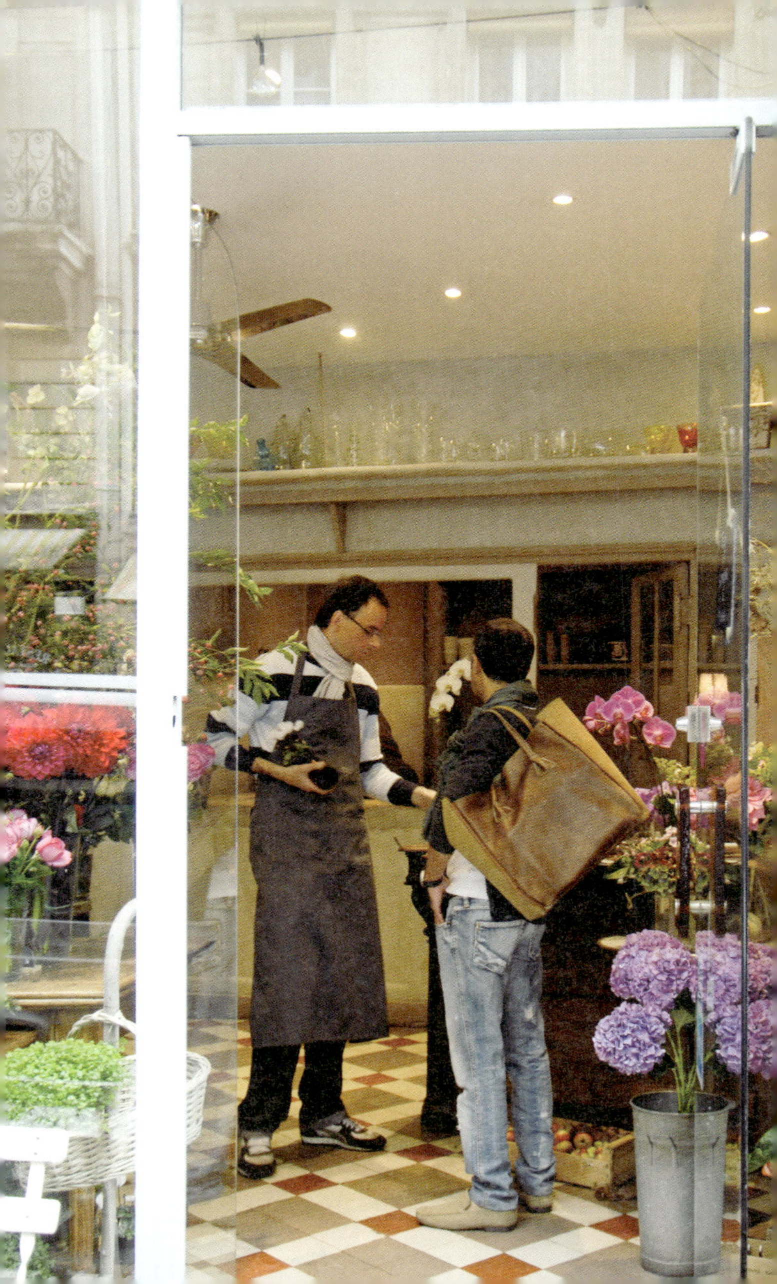

* 花を買う

【 un bouquet de roses 】
[アン・ブーケ・ドゥ・ローズ]
バラの花束

本数が決まっているならば数で伝えても。une rose [ユンヌ・ローズ]（バラ1本）、trois lis [トロワ・リス]（ユリ3本）、cinq giroflées [サンク・ジロフレ]（ストック5本）など。花束の本数は奇数が基本だけれど、バラは10本以上ならば偶数でも可能。誕生日のお祝いならば、歳の数を花の本数にして。切り花は une fleur coupée [ユンヌ・フルール・クーペ]、茎の長い花束は une gerbe [ユンヌ・ジェルブ]、ウエディングブーケは un bouquet de mariée [アン・ブーケ・ドゥ・マリエ]、フラワーアレンジメントは une composition de fleurs [コンポズィスィヨン・ドゥ・フルール]、鉢植えは un pot [アン・ポ]。

Je voudrais un pot de géranium.
[ジュ・ブドレ・アン・ポ・ドゥ・ゼラニオム]
ゼラニウムを1鉢ください。

Est-ce que je peux vous demander une composition de fleurs?
[エ・ス・ク・ジュ・プ・ヴ・ドゥマンデ・ユンヌ・コンポズィスィヨン・ドゥ・フルール]
フラワーアレンジメントをお願いできますか?

【 Quelle couleur voulez-vous? 】
[ケル・クルール・ヴレ・ヴ]
何色がよろしいでしょうか?

聞かれる前に何色の花が欲しいのか伝えても。色の形容詞は花の名詞の後ろにつけるけれど、つくのが男性名詞か女性名詞かによって変化する形容詞があることに注意。aster blanc [アステール・ブラン]（m.）（白いキク）、rose blanche [ローズ・ブランシュ]（f.）（白いバラ）など。色の種類は P.084 を参照。

Je cherche des gerberas oranges.
[ジュ・シェルシュ・デ・ジェルブラ・オランジュ]
オレンジのガーベラを探しています。

【 Combien coûte une rose? 】
[コンビヤン・クート・ユンヌ・ローズ]
バラ1本につきいくらですか?

パリの花屋さんでは1束いくらで売られている場合も多い。"10 euros le bouquet"などと値札に書かれていれば、1束10ユーロということ。

Je voudrais un bouquet à huit euros.
[ジュ・ヴドレ・アン・ブーケ・ア・ユイッテューロ]
8ユーロの花束をください。

C'est combien un bouquet de freesias?
[セ・コンビヤン・アン・ブーケ・ドゥ・フレズィア]
フリージアひと束はいくらですか?

プレゼント用に買う

Que désirez-vous?
[ク・デズィレ・ヴ]
何にいたしましょうか？

Je voudrais un bouquet pour offrir à ma mère.
[ジュ・ヴドレ・アン・ブーケ・プール・オフリール・ア・マ・メール]
私の母に贈る花束が欲しいのですが。

Pouvez-vous le composer avec des dahlias?
[プヴェ・ヴ・ル・コンポゼ・アヴェク・デ・ダリア]
ダリアで作っていただけますか？

J'en ai en rose pâle et rose vif.
[ジャネ・アン・ローズ・パール・エ・ローズ・ヴィフ]
薄いピンクと鮮やかなピンクがあります。

Quelle couleur préfère votre mère?
[ケル・クルール・プレフェル・ヴォトル・メール]
お母様は何色がお好みですか？

Les deux sont possibles.
[レ・ドゥー・ソン・ポスィーブル]
どちらでも大丈夫です。

Pourriez-vous ajouter le feuillage?
[プリエ・ヴ・アジュテ・ル・フイヤージュ]
葉ものを加えていただけますか？

A combien se monte votre budget?
[ア・コンビヤン・ス・モント・ヴォトル・ビュジェ]
予算はいくらまでですか？

A quarante euros environ.
[ア・カランテューロ・アンヴィロン]
40ユーロくらいまでです。

On va faire un grand bouquet avec des dahlias, de deux couleurs différentes et quelques feuillages.
[オン・ヴァ・フェール・アン・グラン・ブーケ・アヴェク・デ・ダリア、ドゥ・ドゥー・クルール・ディフェラント・エ・ケルク・フイヤージュ]
異なる2色のダリアといくつかの葉で大きなブーケを作りましょう。

C'est parfait.
[セ・パルフェ]
結構です。

Je reviens le chercher à dix-sept heures.
[ジュ・ルヴィヤン・ル・シェルシェ・ア・ディセットゥール]
17時に受け取りに来ますね。

【 Je voudrais un bouquet pour offrir à 〜 】
［ジュ・ヴドレ・アン・ブーケ・プール・オフリール・ア］
〜に贈る花束が欲しいのですが。

贈りたい人によって最後を言い換えれば大丈夫。一般的に花を贈る相手はやっぱり女性。ma femme［マ・ファム］（妻）、ma fiancée［マ・フィヤンセ］（婚約者）、ma copine［マ・コピーヌ］（彼女）、une copine［ユンヌ・コピーヌ］（女友達）、ma grand-mère［マ・グラン・メール］（祖母）、ma belle mère［マ・ベル・メール］（義母）など。

Je voudrais offrir un bouquet à une copine pour son mariage.
［ジュ・ヴドレ・オフリール・アン・ブーケ・ア・ユンヌ・コピーヌ・プール・ソン・マリアージュ］
結婚式に、友達に花束を贈りたいのですが。

【 Pouvez-vous le composer avec 〜 ? 】
［プヴェ・ヴ・ル・コンポゼ・アヴェク］
〜で作っていただけますか？

贈る相手の好きな花を知っているのならば、その花を伝えよう。相手の好きな色のブーケを作ってもらってもいい。依頼を表すPouvez-vous?［プヴェ・ヴ］（〜していただけますか？）は条件法Pourriez-vous?［プリエ・ヴ］にすると、より丁寧な言い方に。

Pourriez-vous composer un bouquet blanc.
［プリエ・ヴ・コンポゼ・アン・ブーケ・ブラン］
白い花束を作っていただけますか？

【 Pourriez-vous ajouter ～ ? 】
[プリエ・ヴ・アジュテ]
〜を加えていただけますか?

ブーケの内容に細かく注文をつけてもいい。葉もの (feuillage [フィヤージュ] (m.)) を加える以外にも、加えて欲しい花の色を指定したり、ブーケを包む薄葉紙 (papier de soie [パピエ・ドゥ・ソワ] (m.)) やリボン (ruban [リュバン] (m.)) の色など、希望があれば伝えてみよう。

Ajoutez un peu de fleurs rouges.
[アジュテ・アン・プ・ドゥ・フルール・ルージュ]
赤い花を少し加えてください。

Vous pouvez envelopper dans un papier rose?
[ヴ・プヴェ・アンヴロペ・ダンザン・パピエ・ローズ]
ピンクの紙で包んでいただけますか?

【 A combien se monte votre budget? 】
[ア・コンビヤン・ス・モント・ヴォトル・ビュジェ]
予算はいくらまでですか?

ブーケの構成要素は最終的な値段で決まるのだから、最初にいくらぐらいのブーケが欲しいのか伝えた方が手っ取り早い。また、予算を伝えておけばお店の人も、それに合わせていろいろと工夫してくれるはず。

Vous voulez mettre combien?
[ヴ・ヴレ・メトル・コンビヤン]
予算はおいくらですか?

Mon budget est de vingt euros.
[モン・ビュジェ・エ・ドゥ・ヴァンテューロ]
予算は20ユーロです。

(※êtreの属詞が数値の場合はdeをつける)

配達してもらう

Puis-je vous demander la livraison de cette composition de fleurs?
[ピュイ・ジュ・ヴ・ドゥマンデ・ラ・リヴレゾン・ドゥ・セット・コンポズィシィヨン・ドゥ・フルール]
このフラワーアレンジメントの配達をお願いできますか?

Bien sûr. Il me faut le nom, l'adresse et le numéro de téléphone du destinataire, s'il vous plaît.
[ビヤン・スュル。イル・ム・フォ・ル・ノム、ラドレス、エ・ル・ニュメロ・ドゥ・テレフォヌ・デュ・デスティナテール、シル・ヴ・プレ]
もちろん。受取人の名前、住所、電話番号が必要です。

C'est madame Ania Perrin.
[セ・マダム・アニア・ペラン]
アニア・ペランさん。

Comment s'écrit son prénom?
[コマン・セクリ・ソン・プレノム]
名前はどう綴るのですか?

A, N, I, A, c'est Ania. Rue de Seine dans le 6e arrondissements, 01 68 50 …….
[ア、エヌ、イ、ア、セ・アニア。リュ・ドゥ・セーヌ・ダン・ル・スィズィエーム・アロンディスマン、ゼロ・アン・ソワサント・ユイット・サンカント……]
A、N、I、A、アニアです。6区のセーヌ通り、01 68 50 ……。

Quelle sera la date de livraison?
[ケル・スラ・ラ・ダット・ドゥ・リヴレゾン]
配達は何日にしましょうか?

Le 24 mars, s'il vous plaît.
[ル・ヴァント・カトル・マルス、シル・ヴ・プレ]
3月24日でお願いします。

Vous avez une heure préférée pour la livraison?
[ヴザヴェ・ユンヌール・プレフェレ・プール・ラ・リヴレゾン]
配達するのに希望の時間はありますか?

Ce serait mieux dans la matinée.
[ス・スレ・ミュー・ダン・ラ・マティネ]
午前中がいいでしょうね。

D'accord, j'ai noté.
［ダコール、ジェ・ノテ］
了解、承りました。

配達してもらう

【 Puis-je vous demander de le livrer? 】
[ピュイ・ジュ・ヴ・ドゥマンデ・ドゥ・ル・リヴレ]
配達をお願いできますか?

Je peux ~ ?[ジュ・プ](~できますか?)の疑問文は倒置した場合、Puis-je ~ ?[ピュイ・ジュ]となることに注意。配達料金は les frais de livraison [レ・フレ・ドゥ・リヴレゾン]。

A combien s'élèvent les frais de livraison?
[ア・コンビヤン・セレーヴ・レ・フレ・ドゥ・リヴレゾン]
配達料金はいくらになりますか?

【 le nom, l'adresse et le numéro de téléphone du destinataire 】
[ル・ノム、ラドレス、エ・ル・ニュメロ・ドゥ・テレフォヌ・デュ・デスティナテール]
受取人の名前、住所、電話番号

差出人の名前は le nom d'expéditeur [ル・ノム・デクスペディトゥール]。綴りのアルファベットはもちろんフランス語読み。うまく伝わらない時は、G, comme Grec [ジェ、コム・グレック](ギリシャのG)などと例を挙げても。または J'écris moi-même. [ジェクリ・モワ・メム](自分で書きます)。

【 Quelle sera la date de livraison? 】
[ケル・スラ・ラ・ダット・ドゥ・リヴレゾン]
配達は何日にしましょうか?

フランス語の日付は、"le 日・月" の順。月の最初の日は、le premier janvier [ル・プルミエ・ジャンヴィエ](1月1日)のように序数詞で言う。曜日や年をつけるときは、"le 曜日・日・月・年" の順で、le vendredi cinq juin 2011 [ル・ヴァンドルディ・サンク・ジュアン・ドゥー・ミル・オーンズ](2011年6月5日金曜日)となる。時間は à ~ heures [ア~・ウール](~時に)。

A quelle heure pouvez-vous le livrer?
[ア・ケルゥール・プヴェ・ヴ・ル・リヴレ]
何時に配達していただけますか?

Entre neuf heures et treize heures.
[アントル・ヌヴール・エ・トレーズゥール]
9~13時の間です。

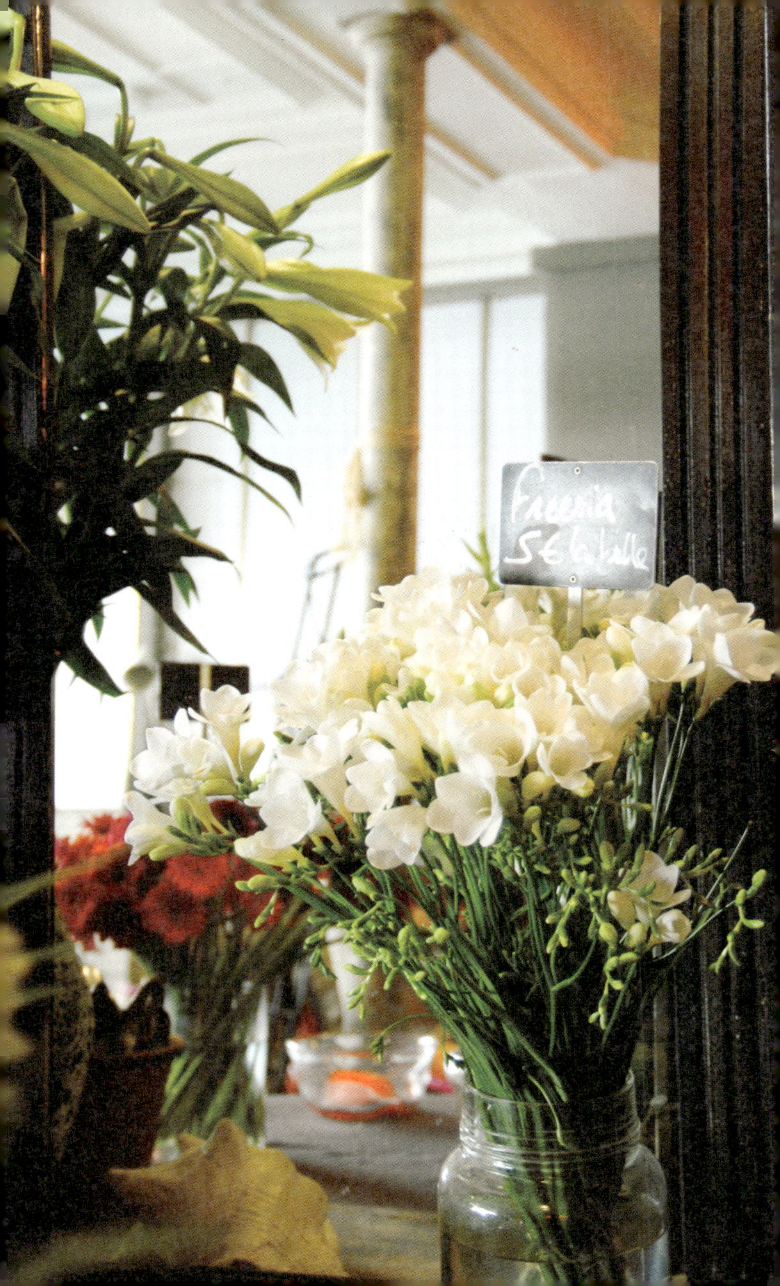

メッセージをつける

花を贈る機会は一般的な記念日、誕生日（anniversaire［アニヴェルセル］(m.)）、結婚記念日（anniversaire de mariage［アニヴェルセル・ドゥ・マリアージュ］(m.)）から、結婚式（mariage［マリアージュ］(m.)）、出産（naissance［ネサンス］(f.)）のお祝い事の際など、日本と変わらず。お葬式（enterrement［アンテルマン］(m.)）でもお墓にフラワーアレンジメントや花輪（couronne［クロンヌ］(f.)）が飾られる。知人の家にディナーに招待された時などに花を持っていき、招待へのお礼の気持ちを表しても。花を配達してもらう時はひと言メッセージをつけてみましょう。

Pouvez-vous joindre au bouquet un petit message?
［プヴェ・ヴ・ジョワンドル・オ・ブーケ・アン・プティ・メサージュ］
ブーケにちょっとしたメッセージをつけてもらえますか？

決まり文句は、Joyeux（Joyeuse）［ジョワイユー（ジョワイユーズ）］（うれしい、めでたい）やBon（Bonne）［ボン（ボンヌ）］（よい、すばらしい）の形容詞を祝いたいことの前につければ、さまざまなお祝いの言葉に。メッセージだけでなく、花束を手渡す時に言葉で伝えてもいい。

【 誕生日に 】
Joyeux anniversaire!
［ジョワイユー・アニヴェルセル］
誕生日おめでとう！

【 祝日に 】
Bonne fête!
［ボンヌ・フェット］
祝日おめでとう！

【 クリスマスに 】
Joyeux Noël!
［ジョワイユー・ノエル］
メリークリスマス！

【 新年に 】
Bonne année!
［ボンナネ］
新年おめでとう！

【 結婚式に 】
Tous mes vœux de bonheur!
［トゥー・メ・ヴー・ドゥ・ボンヌール］
幸福を祈ります！

【 新居祝いに 】
Bonne crémaillère!
［ボンヌ・クレマイエール］
新居おめでとう！

【 お葬式に 】
Toutes mes condoléances.
［トゥートゥ・メ・コンドレアンス］
お悔やみ申し上げます。

フランスで花を贈る主な機会

世界的に共通な祝日もあれば、フランス独自の記念日もあります。フランスでは何の日に、どんな花を贈るのでしょう。

2月14日
La Saint-Valentin [ラ・サン・ヴァランタン]　バレンタインデー
日本では女性が男性にチョコレートを贈るのが一般的なバレンタインデーだけれど、フランスでは女性、男性に関わらず、愛する人に贈り物をする日。愛の告白をするなら、やはりバラの花！

3月　最初の日曜日
La fête des grand-mères [ラ・フェット・デ・グラン・メール]　祖母の日
母の日ほど知られていないけれど、おばあちゃんが好きな花を選んで喜ばせてあげたい。

5月1日
Le premier mai [ル・プルミエ・メ]　5月1日（スズランの日）
この日にスズランを贈ると贈った相手に幸せをもたらすとし、フランス中の街のあちこちにスズラン売りが現れる日。小さなブーケをたくさん買って、身近にいる大切な人々みんなに配ろう。

5月　最終日曜日または6月最初の日曜日
La fête des mères [ラ・フェット・デ・メール]　母の日
日本ではカーネーションを贈るのが定番だけれど、フランスで一番贈られるのはやはりバラの花。この日はいろんな場所で女性にバラの花を配る風景も見られる。もちろん、お母さんの好きな花を贈ってあげるのが一番。

11月1日
La Toussaint [ラ・トゥッサン]　万聖節
すべての聖人を祝う日で、続く11月2日も"死者の日"とされ、この時期にお墓参りをするのがフランスの慣わし。先祖のお墓をきれいに掃除して、キクの花の植木鉢を飾ってあげよう。

12月25日
Noël [ノエル] (*m.*)　クリスマス
パーティーなど、ブーケを贈る機会がもっとも多くなる時期。クリスマスディナーのテーブルを飾るアレンジメントを贈っても喜ばれる。包葉の形から"étoile de Noël [エトワール・ドゥ・ノエル]（クリスマスの星）"とも呼ばれる、ポインセチア（Poinsettia [ポワンセスィア] (*f.*)）もクリスマスカラーで人気。

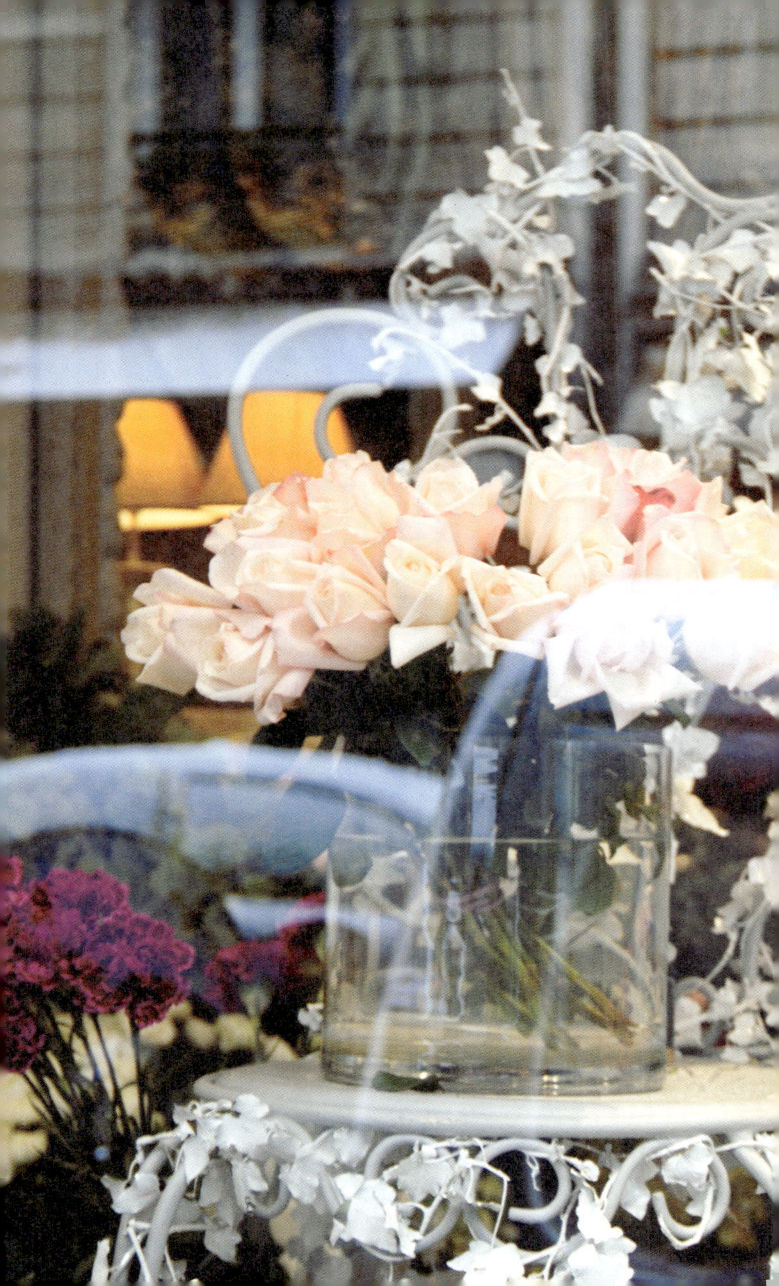

Chapitre 2

パリを彩る
花と樹木

パリはとても緑の多い街で、小さな広場から大きな公園までいたるところに植物が植えられています。樹木のほとんどは季節によって表情を変える落葉樹で、パリの四季を語るのになくてはならないもの。ここではお花屋さんで一般的に見かける花から、パリの代表的な公園とともに、街を彩る花や樹木をご紹介。植物の名前を覚えてみれば、パリのお散歩がさらに楽しくなることウケアイです。

パリの主な公園

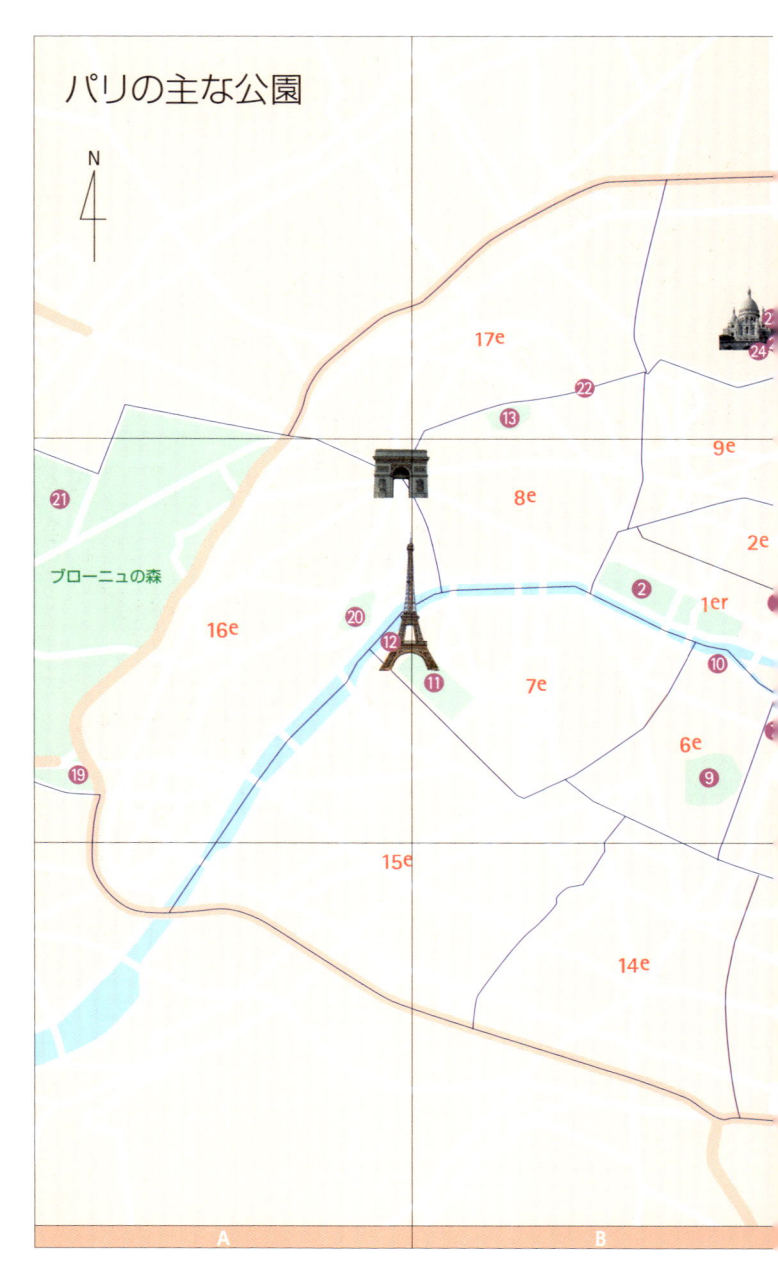

N ↑

17e
22
13
9e
8e
2e
21
ブローニュの森
2
1er
16e
20
10
12
11
7e
6e
9
19
15e
14e

A　　B

本書で出てくる花、樹木が見られる公園や広場、通りをご紹介。パリの公園などで開かれるイベント情報を知りたければ、パリ市のサイト（www.paris.fr）をチェックして。花が咲く時期に訪れたなら、街を散歩しながらぜひ公園まで足を伸ばしてみてください（※リスト内の (Plan) は地図内の位置を示します。Ⓜ、(RER)は最寄の駅とその駅を通る路線番号です）。

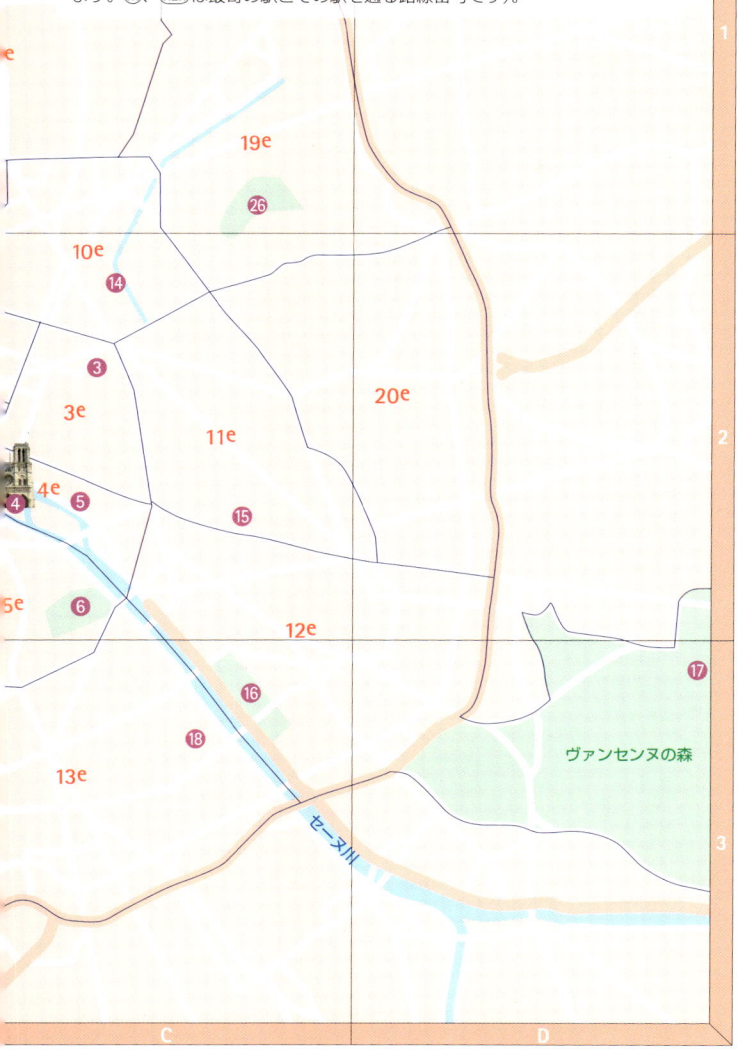

19e
⑳

10e
⑭

3e
❸

3e
11e
20e

4e ❺
⑮

5e ❻
12e
⑯
⑰
⑱
ヴァンセンヌの森
13e

セーヌ川

公園の種類

【 Jardin 】[ジャルダン]（m.）
公共の公園は jardin public[ジャルダン・ピュブリック]、植物公園は jardin botanique[ジャルダン・ボタニック]。パリには約137のジャルダンがあり、宮殿などに付属して造られたフランス式庭園が多い。もっとも古く、広大なのはチュイルリー公園❷で、ルーブル美術館とシャンゼリゼ大通りの間に位置するため、観光ルートに取り入れて。買い物コースの休憩に立ち寄りたいのは、リュクサンブール公園❾。種類豊富な花を愛でたいなら植物園❻、変わった植物を観察したいなら19世紀の美しい温室のあるオトゥイユ温室庭園⓳へ。

【 Parc 】[パルク]（m.）
自然の地形の起伏を生かしたイギリス式庭園や、近代に造られた公園などで、パリ内に16ヵ所。美しいバラ園があるのはバガテル公園㉑とベルシー公園⓰。芝生に寝転がってエッフェル塔を見上げたいのはシャン・ドゥ・マルス公園⓫、丘に登るとすばらしい景色が広がるのはビュット・ショーモン公園㉖。

【 Square 】[スクワール]（m.）
街角のいたるところにある小公園のことで、パリ内には約274ものスクエアがある。お散歩に疲れたらふらりと立ち寄って一息つけば、ちょっと変わった花を発見できるかも。中でも桜の花びらが降り積もるガブリエル・ピエルネ公園❿、パリが一望できるサクレクール寺院前のルイーズ・ミシェル公園㉕がオススメ。

【 Bois 】[ボワ]（m.）
広大な森林公園のことで、パリの西側にあるのが Bois de Boulogne[ボワ・ドゥ・ブローニュ]（ブローニュの森）、東側にあるのが Bois de Vincennes[ボワ・ドゥ・ヴァンセンヌ]（ヴァンセンヌの森）。大きすぎてちょっと立ち寄るというわけにはいかないけれど、自転車を借りてサンドイッチを持ち、1日かけてのんびりと散策したい。ブローニュの森にはオトゥイユ温室庭園⓳、バガテル公園㉑、ヴァンセンヌの森にはパリの花公園⓱など、いくつもの公園がある。

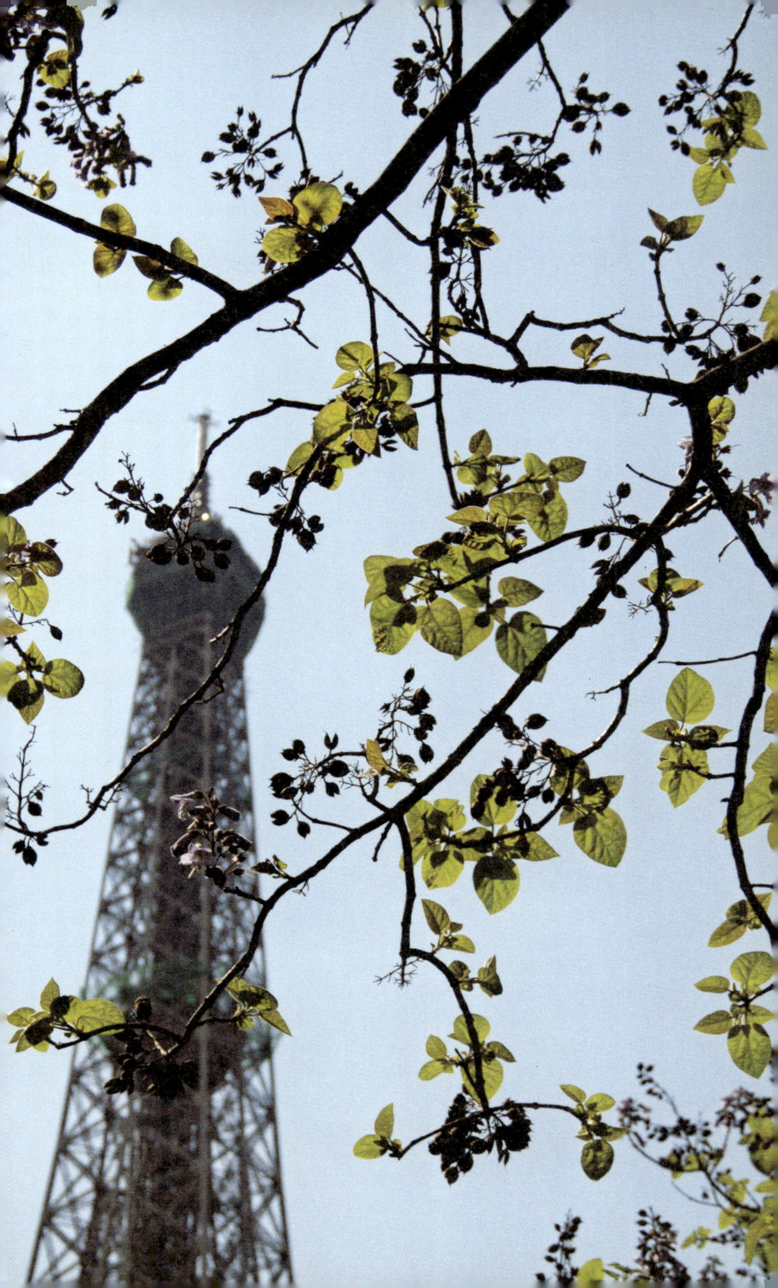

パリの主な公園

【1ᵉʳ (1区)】

① **Jardin des Halles** [ジャルダン・デ・アール] (レ・アール公園) (Plan B2)
  Ⓜ Les Halles ④、Ⓜ Châtelet ①④⑦⑪⑭、ⓇⒺⓇ Châtelet-les-Halles ⒶⒷⒹ

② **Jardin des Tuileries** [ジャルダン・デ・テュイルリー] (チュイルリー公園) (Plan B2)
  Ⓜ Tuileries ①、Ⓜ Concorde ①⑧⑫　ルーブル美術館となり

【3ᵉ (3区)】

③ **Square du Temple** [スクワール・デュ・タンプル] (タンプル公園) (Plan C2)
  Ⓜ Temple ③　Rue du Temple沿い

【4ᵉ (4区)】

④ **Square Jean XXIII** [スクワール・ジャン・ヴァント・トロワ] (ジャン23世公園) (Plan C2)
  ⓇⒺⓇ Saint-Michel Notre-Dame ⒷⒸ　ノートルダム寺院裏

⑤ **Square Marie-Trintignant** [スクワール・マリー・トランティニャン]
  (マリー・トランティニャン公園) (Plan C2)
  Ⓜ Pont-Marie ⑦　Rue du Fauconnier沿い

【5ᵉ (5区)】

⑥ **Jardin des Plantes** [ジャルダン・デ・プラント] (植物園) (Plan C2)
  Ⓜ Gare d'Austerlitz ⑤⑩、ⓇⒺⓇ Gare d'Austerlitz Ⓒ

⑦ **Jardin du Musée de Cluny** [ジャルダン・デュ・ミュゼ・ドゥ・クリュニー]
  (クリュニー美術館庭園) (Plan B2)
  Ⓜ Cluny-La Sorbonne ⑩　Place Paul Painlevéが入口

⑧ **Square René-Viviani** [スクワール・ルネ・ヴィヴィアニ] (ルネ・ヴィヴィアニ公園)
  (Plan C2) ⓇⒺⓇ Saint-Michel Notre-Dame ⒷⒸ　Quai de Montebello沿い

【6ᵉ (6区)】

⑨ **Jardin du Luxembourg** [ジャルダン・デュ・リュクサンブール] (リュクサンブール公園)
  (Plan B2) ⓇⒺⓇ Luxembourg Ⓑ

⑩ **Square Gabriel-Pierné** [スクワール・ガブリエル・ピエルネ] (ガブリエル・ピエルネ公園)
  (Plan B2) Ⓜ Odéon ④⑩　Rue de Seine沿い

【7ᵉ (7区)】

⑪ **Parc du Champ-de-Mars** [パルク・デュ・シャン・ドゥ・マルス]
  (シャン・ドゥ・マルス公園) (Plan B2)
  Ⓜ Ecole Militaire ⑧　エッフェル塔下

⑫ **Quai Branly** [ケ・ブランリー] (ブランリー通り) (Plan A2)
  ⓇⒺⓇ Champ de Mars-Tour Eiffel Ⓒ、ⓇⒺⓇ Pont de l'Alma Ⓒ

【8ᵉ (8区)】

⑬ **Parc Monceau** [パルク・モンソー] (モンソー公園) (Plan B1)
  Ⓜ Monceau ②

【 10e（10区）】

⑭ Canal Saint-Martin [カナル・サン・マルタン]（サン・マルタン運河） (Plan C2)
  Ⓜ République ③⑤⑧⑨⑪、Ⓜ Jacques Bonsergent ⑤

【 11e（11区）】

⑮ Square Louis-Majorelle [スクワール・ルイ・マジョレユ]（ルイ・マジョレユ公園）
  (Plan C2) Ⓜ Faidherbe Chaligny ⑧ 　Rue Saint-Bernard沿い

【 12e（12区）】

⑯ Parc de Bercy [パルク・ドゥ・ベルシー]（ベルシー公園） (Plan C3)
  Ⓜ Bercy ⑥⑭、Ⓜ Cour Saint-Emilion ⑭

⑰ Parc Floral de Paris [パルク・フローラル・ドゥ・パリ]（パリの花公園） (Plan D3)
  Ⓜ Château de Vincennes ①　ヴァンセンヌの森内

【 13e（13区）】

⑱ Avenue de France [アヴニュ・ドゥ・フランス]（フランス大通り） (Plan C3)
  Ⓜ Bibliothèque François Mitterrand ⑭、
  (RER) Bibliothèque François Mitterrand Ⓒ

【 16e（16区）】

⑲ Jardin des serres d'Auteuil [ジャルダン・デ・セル・ドトゥイユ]（オトゥイユ温室庭園）
  (Plan A2) Ⓜ Porte d'Auteuil ⑩　ブローニュの森内

⑳ Jardins du Trocadéro [ジャルダン・デュ・トロカデロ]（トロカデロ公園） (Plan A2)
  Ⓜ Trocadéro ⑥⑨　シャイヨー宮前

㉑ Parc de Bagatelle [パルク・ドゥ・バガテル]（バガテル公園） (Plan A2)
  Ⓜ Pont de Neuilly ①からBus 43番、Ⓜ Porte Maillot ①からBus 244番
  ブローニュの森内

【 17e（17区）】

㉒ Boulevard des Batignolles [ブールヴァール・デ・バティニョール]（バティニョール大通り）
  (Plan B1) Ⓜ Rome ②

【 18e（18区）】

㉓ Parc de la Turlure [パルク・ドゥ・ラ・テュルリュル]（テュルリュル公園） (Plan B1)
  Ⓜ Anvers ②　Rue de la Bonne沿い

㉔ Rue Foyatier [リュ・ドゥ・フォワイアティエ]（フォワイアティエ通り） (Plan B1)
  Ⓜ Anvers ②

㉕ Square Louise-Michel [スクワール・ルイーズ・ミシェル]（ルイーズ・ミシェル公園）
  (Plan B1) Ⓜ Anvers ②　サクレクール寺院前

【 19e（19区）】

㉖ Parc des Buttes-Chaumont [パルク・デ・ビュット・ショーモン]
  （ビュット・ショーモン公園） (Plan C1) Ⓜ Buttes-Chaumont ⑦ⓑ、Ⓜ Botzaris ⑦ⓑ

図鑑の見方

P.036以降の図鑑の見方は以下の通り。花言葉は国や地域によって異なり、いい意味も悪い意味も両方ある場合もあります。本書で挙げているのはフランスでの一般的な解釈です。花の色によって意味合いが変わる場合は、花の色とともに明記しました。フレーズ内の（　）は女性形です。花に添える言葉としてだけではなく、フランス語のちょっとした言い回しを花と一緒に覚えてみてはいかがでしょうか？

❶ **Ancolie**
[アンコリ] (*f.*)
オダマキ

❸ 学名　Aquilegia vulgaris
　　Ranunculaceae　キンポウゲ科
❹ Aquilegia　オダマキ属
　　Plante vivace　多年草
❺ Floraison　5〜6月
❻

❼ *Folie*[フォリ] (*f.*)　狂気
Tristesse[トリステス] (*f.*)　悲しみ

花

❼ *Je suis fou(folle) de vous.*
[ジュ・スュイ・フー(フォル)・ドゥ・ヴ]
私はあなたに夢中です。

❽ 【 *Ancolie bleue*(青), *rose*(ピンク) 】

Vous me jetez dans un grand trouble.
[ヴ・ム・ジュテ・ダンザン・グラン・トルブル]
あなたは私を大きな動揺の中に投げ込みました。

するりと曲線を描いて伸びる細い茎から、美しい鐘形の花が垂れるオダマキ。フランス語の"アンコリ"に韻を踏んで"メランコリ（mélancolie）(*f.*) 憂鬱"を表すとし、フランスの詩人や小説家の多くの作品に登場する花でも。シェイクスピアのハムレットでは、狂気のオフィーリアが王にフェンネルとオダマキの花を渡し、"不義"の象徴としても使われている。中世では"聖霊"のシンボルとされ、絵画の中にも姿を見せる。この神秘的で独特なフォルムは、昔から人々の想像力を豊かに広げてくれる。

❾ 【 5€ 】 ● Jardin du Musée de Cluny (クリュニー美術館庭園) (P.62)

---

❶ **Nom de plante**[ノム・ドゥ・プラント] (*m.*)　植物の名前
❷ **Nom botanique**[ノム・ボタニク] (*m.*)　学名
❸ **Nom de famille**[ノム・ドゥ・ファミーユ] (*m.*)　科名
❹ **Nom de genre**[ノム・ドゥ・ジャンル] (*m.*)　属名
❺ **Type de végétation**[ティップ・ドゥ・ヴェジェタスィヨン] (*m.*)　植物の種類
❻ **Floraison**[フロレゾン] (*f.*)　開花時期
❼ **Langage de fleur**[ランガージュ・ドゥ・フルール] (*m.*)　花言葉
❽ **Couleur de fleur**[クルール・ドゥ・フルール] (*f.*)　花の色
❾ **Lieu public**[リュー・ピュブリック] (*m.*)　パリで花が見られる場所

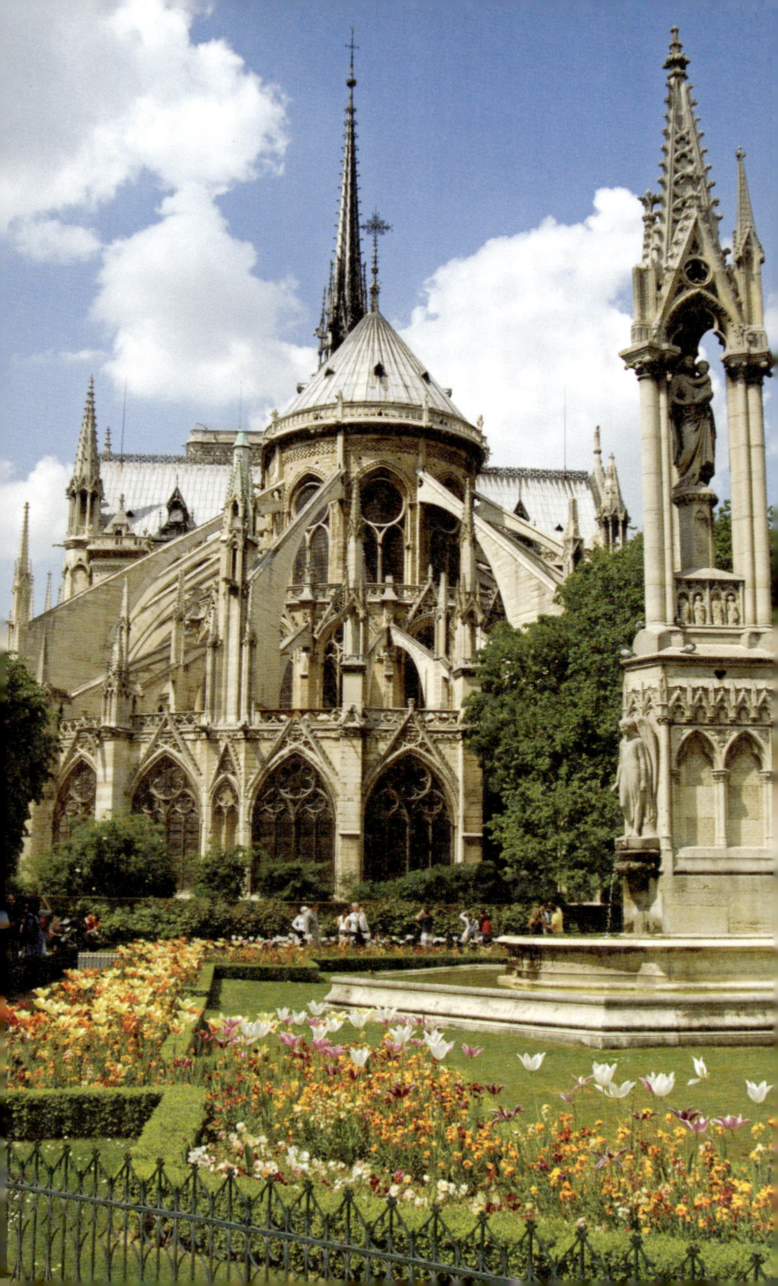

図鑑の見方

図鑑に出てくる植物の種類とともに、一般的な呼び名を見てみましょう。

【 plante 】[プラント]（f.）　植物

plante vivace [プラント・ヴィヴァース]　多年草
plante annuelle [プラント・アニュエル]　一年草
plante bisannuelle [プラント・ビザニュエル]　二年草

plante bulbeuse [プラント・ビュルブーズ]　球根植物
plante grimpante [プラント・グランパント]　つる性植物
plante ligneuse [プラント・リニューズ]　木本植物
plante aquatique [プラント・アクワティック]　水草

arbre [アルブル]（m.）　高木
arbuste [アルビュスト]（m.）　低木
arbrisseau [アルブリソ]（m.）　小低木
sous-arbrisseau hémiparasite [スー・アルブリソ・エミパラズィット]（m.）
　半寄生の小低木

feuilles caduques [フイユ・カデュック]（f.）　落葉
feuilles persistantes [フイユ・ペルシィスタント]（f.）　常緑

図鑑ではそれぞれの花が咲く時期を明記しています。花の季節が分かれば、お散歩するのがもっと楽しくなるでしょう。

Quelle saison fleurit cette fleur?
[ケル・セゾン・フルリ・セット・フルール]
何の季節にこの花は咲きますか？

Elle fleurit en été.
[エル・フルリ・アン・ネテ]
それは夏に咲きます。

春のみ前置詞は au printemps [オ・プランタン]。その他の季節は en [アン] をつける。

【 saison 】[セゾン]（*f.*） 季節

printemps [プランタン]（*m.*） 春
fleur printanière [フルール・プランタニエール]（*f.*） 春の花
été [エテ]（*m.*） 夏
fleur estivale [フルール・エスティヴァル]（*f.*） 夏の花
automne [オトンヌ]（*m.*） 秋
fleur automnale [フルール・オトンナル]（*f.*） 秋の花
hiver [イヴェール]（*m.*） 冬
fleur hivernale [フルール・イヴェルナル]（*f.*） 冬の花

Ancolie
[アンコリ] (*f.*)

オダマキ

学名 Aquilegia vulgaris
Ranunculaceae キンポウゲ科
Aquilegia オダマキ属
Plante vivace 多年草
Floraison 5〜6月

Folie [フォリ] (*f.*) 狂気
Tristesse [トリステス] (*f.*) 悲しみ

Je suis fou(folle) de vous.
[ジュ・スュイ・フー(フォル)・ドゥ・ヴ]
私はあなたに夢中です。

【 *Ancolie bleue* (青), *rose* (ピンク) 】

Vous me jetez dans un grand trouble.
[ヴ・ム・ジュテ・ダンザン・グラン・トルブル]
あなたは私を大きな動揺の中に投げ込みました。

するりと曲線を描いて伸びる細い茎から、美しい鐘形の花が垂れるオダマキ。フランス語の"アンコリ"に韻を踏んで"メランコリ(*mélancolie* (*f.*) 憂鬱)"を表すとし、フランスの詩人や小説家の多くの作品に登場する花でも。シェイクスピアのハムレットでは、狂気のオフィーリアが王にフェンネルとオダマキの花を渡し、"不義"の象徴としても使われている。中世では"聖霊"のシンボルとされ、絵画の中にも姿を現す花。その神秘的で独特なフォルムは、昔から人々の想像力を豊かに広げてくれる。

【 5e 】 ❼ Jardin du Musée de Cluny (クリュニー美術館庭園) Plan B2

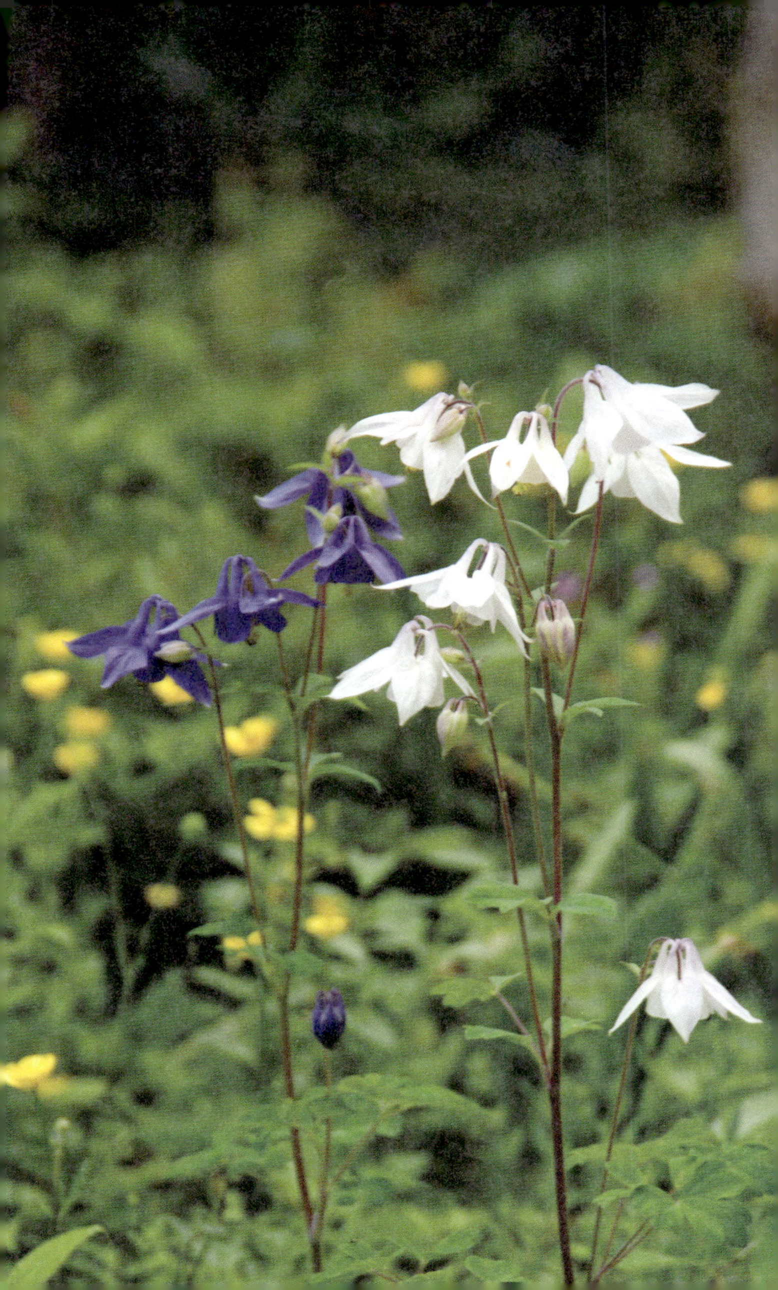

Anémone
[アネモンヌ] (*f.*)

アネモネ

学名　Anemone coronaria
Ranunculaceae　キンポウゲ科
Anemone　イチリンソウ属
Plante vivace　多年草
Floraison　5〜6月

Persévérance [ペルセヴェランス] (*f.*)　辛抱
Abandon [アバンドン] (*m.*)　断念
Amour fragile [アムール・フラジール] (*m.*)　壊れやすい愛

Ne m'abandonnez pas.
[ヌ・マバンドネ・パ]
見捨てないでください。

【 *Anémone rouge* (赤), *jaune* (黄) 】

Ma constance sera récompensée.
[マ・コンスタンス・スラ・レコンパンセ]
私の辛抱は報われるでしょう。

【 *Anémone violette* (紫) 】

Je suis triste.
[ジュ・スュイ・トリスト]
悲しいです。

ギリシャ神話では2人の女神に同時に愛された美少年アドニスが、狩猟でイノシシに殺された時に流した血から生まれたという花。ギリシャ語の"風（anemos）"に由来するアネモネは"fleur du vent [フルール・デュ・ヴァン] (*f.*)（風の花）"とも呼ばれ、毛がついた種が風に乗って遠くまで飛ばされることから。風に吹かれて薄い花びらを震わせる様子は、なんとも儚げ。

Arum
[アロム] (*m.*)

カラー

学名　Zantedeschia aethiopica
Araceae　サトイモ科
Zantedeschia　ザンテデスキア属
Plante vivace bulbeuse　球根性多年草
Floraison　5〜8月

Ame [アーム] (*f.*)　魂
Confiance [コンフィヤンス] (*f.*)　信頼

Ecoutez votre âme.
[エクテ・ヴォトル・アーム]
自分の心に従ってください。

Ecoutez mon cœur.
[エクテ・モン・クール]
私の気持ちに耳を傾けてください。

"Arum des fleuristes [アロム・デ・フルーリスト] (花屋のアロム)" や "Calla [カラ] (*f.*)" とも呼ばれる。Calla は "美" を意味するギリシャ語の "kalos" から。中世では男性器の形として悪魔の象徴とされ、今でも肉体的な欲望を表すとされる。それとは逆に、小さな黄色い花を囲む大きな白い仏炎苞は清純なイメージもあり、現在では結婚式や教会に飾るブーケに使われる。

Astilbe

[アスティルブ]（*f.*）

アスチルベ

学名　Astilbe arendsii
Saxifragaceae　ユキノシタ科
Astilbe　アスチルベ属
Plante vivace　多年草
Floraison　6～8月

ふわふわとした羽毛のような独特の花は、公園の花壇のアクセントとして人気。名前はギリシャ語の"a（否定）"と"stilbe（輝き）"が語源で、輝かしい花に相対するくすんだ色をした葉に由来するとか。

【 4e 】 ❺ Square Marie-Trintignant（マリー・トランティニャン公園） Plan C2
【 12e 】 ⓱ Parc Floral de Paris（パリの花公園） Plan D3

Azalée
[アザレ](*f.*)

アザレア

学名　Rhododendron
Ericaceae　ツツジ科
Rhododendron　ツツジ属
Arbuste vivace　多年低木
Floraison　4〜6月

Joie d'aimer[ジョワ・デメ](*f.*)　愛する喜び
Amour sincère[アムール・サンセール](*m.*)　誠実な愛

【 *Azalée blanche*（白）】

Je suis heureux(se) de vous aimer.
[ジュ・スュイ・ウルー（ズ）・ドゥ・ヴゼメ]
私はあなたを愛して幸せです。

【 *Azalée rose*（ピンク）】

Je suis heureux(se) d'être aimé.
[ジュ・スュイ・ウルー（ズ）・デトル・エメ]
私は愛されて幸せです。

ギリシャ語で"rhodon（バラ）"と"dendron（木）"を合わせた"バラの木"という意味の"Rhododendron [ロドダンドロン]（*m.*）"と呼ばれるツツジ。アザレアとはギリシャ語の"azaleos（乾燥）"に由来し、乾燥した土地に育つと誤解してつけられた名前だとか。ヨーロッパで改良され、八重咲きの大ぶりな花を咲かせるものが日本ではアザレアとして出回るけれど、フランスでは小さめの花の方をアザレと言う。

【 1er 】❶ Jardin des Halles（レ・アール公園） Plan B2
【 16e 】⓳ Jardin des serres d'Auteuil（オトゥイユ温室庭園） Plan A2

Belle de jour
[ベル・ドゥ・ジュール] (*f.*)

三色ヒルガオ

学名　Convolvulus tricolor
Convolvulaceae　ヒルガオ科
Convolvulus　セイヨウヒルガオ属
Plante annuelle grimpante　つる性一年草
Floraison　6〜10月

Coquetterie [コケットリ] (*f.*)　媚態、お洒落

Vous êtes un coquet(une coquette).
[ヴゼット・アン・コケ(ユンヌ・コケット)]
あなたはお洒落な人ですね。

Vous vous souciez trop de votre apparence.
[ヴ・ヴ・ススィエ・トロ・ドゥ・ヴォトル・アパランス]
あなたは外見を気にしすぎです。

朝〜昼に開花するため "昼の美人" という名がついた "Belle de jour" は、一般的に三色ヒルガオのこと。その他、ヒルガオ全体を指すのは "Liseron [リズロン] (*m.*)"。対して "Belle de nuit [ベル・ドゥ・ニュイ] (夜の美人)" はヨルガオではなく、夜に開花するオシロイバナのこと。さらにアサガオは "Gloire du matin [グロワール・デュ・マタン] (*f.*) (朝の栄光)" で、サツマイモ属の学名から "Ipomée [イポメ] (*f.*)" と呼ばれている。

Bleuet
[ブルエ] (*m.*)

ヤグルマギク

学名　Centaurea
Asteraceae　キク科
Centaurea　ヤグルマギク属
Plante annuelle, vivace　一年、多年草
Floraison　5～7月

Amour timide [アムール・ティミッド] (*m.*)　内気な愛
Humilité [ユミリテ] (*f.*)　謙虚
Délicatesse [デリカテス] (*f.*)　繊細

Je n'ose pas vous avouer mon amour.
[ジュ・ノーズ・パ・ヴザヴエ・モナムール]
あなたに愛を告白する勇気がありません。

Je vous serai toujours fidèle.
[ジュ・ヴ・スレ・トゥージュール・フィデル]
私はあなたに対して常に誠実でいるでしょう。

麦畑の中でよく見かける美しいブルーの花は、"Bleuet des champs [ブルエ・デ・シャン] (畑のヤグルマギク)" とも言われる。目の疲れや炎症を鎮める薬効があることから "Casse-lunettes [カス・リュネット] (*f.*) (めがね壊し)" の別名も。フランスでは1918年の第一次世界大戦休戦記念として、若い兵士たちのユニフォームのブルーの色から選ばれ、シンボルの花にもなった。写真は "Bleuet des montagnes [ブルエ・デ・モンターニュ] (山のヤグルマギク)" という種類。

Bouton d'or

[ブトン・ドール]（*m.*）

ミヤマキンポウゲ

学名　Ranunculus
Ranunculaceae　キンポウゲ科
Ranunculus　キンポウゲ属
Plante vivace　多年草
Floraison　6〜10月

Joie[ジョワ]（*f.*）　喜び
Enfance[アンファンス]（*f.*）　子供時代
Raillerie[ライユリ]（*f.*）　からかい

花

Ne vous moquez pas de moi!
[ヌ・ヴ・モケ・パ・ドゥ・モワ]
からかわないでください！

野に咲く小さな黄色の、数種類あるキンポウゲ科の花を"金のボタン"と呼ぶ。野原に寝そべり、花に顔を近づけて顔色が黄みがかるかで"バター好き"かどうかを判断する、子供たちの遊びの道具だったとか。そして子供たちが母親や学校の先生に感謝の気持ちを込めて贈る、女性への初めての花束となる花でも。これが、大人になってから誰かにこの黄色の花を贈ると、ちょっとしたからかいの意味になるというからご注意。

【 4e 】❺ Square Marie-Trintignant（マリー・トランティニャン公園）(Plan C2)

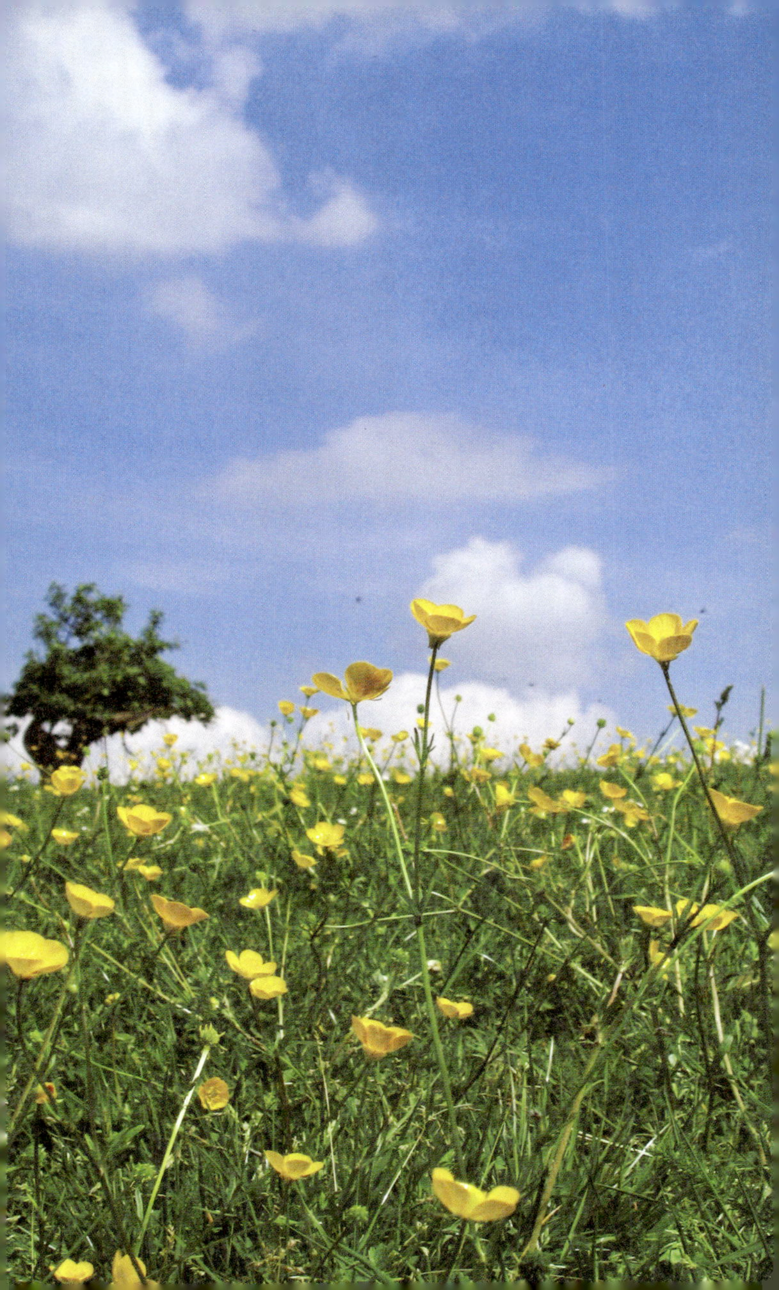

Bruyère

[ブリュイエール] (*f.*)

ヘザー

学名　Calluna vulgaris
Ericaceae　ツツジ科
Calluna　カルーナ属
Arbuste vivace　多年低木
Floraison　8～9月

Solitude [ソリテュード] (*f.*)　孤独
Amour robuste [アムール・ロビュスト] (*m.*)　揺るぎない愛

花

J'aime la solitude.
[ジェム・ラ・ソリテュード]
孤独を愛しています。

Je rêve à notre future rencontre.
[ジュ・レーヴ・ア・ノートル・フュテュール・ランコントル]
私たちの未来のめぐり会いを思い描いています。

エミリー・ブロンテの小説、「嵐が丘」の舞台となった荒野のヒース。そこに咲く花で有名なのがエリカ属（erica ヒース）とカルーナ属（ヘザー）の小さな花々で、両方を合わせてヘザーとも呼ばれる。フランスでもブルターニュ地方やコルシカ島など、やはり咲くのは吹きさらしの荒れた地。枝を数本、旅行かばんに忍ばせれば悪い出会いを避けられ、枕の下に忍ばせれば悪夢を追い払えるおまじないになるとか。

Cactus
[カクテュス]（*m.*）
サボテン

Cactaceae　サボテン科

Amour maternel
[アムール・マテルネル]（*m.*）
母性愛

"棘のある植物（アザミ）"を意味する古代ギリシャ語"kaktos"に由来する名前は、以前にアザミの種類のひとつだと考えられていたため。2000種類近くもあるサボテンは大きさも形もさまざま。見るからに痛々しい棘々の無骨な姿ながら、小さな花をポッと咲かせた時はなんだか愛嬌さえ感じられる。

【 16e 】 ⑲ Jardin des serres d'Auteuil（オトゥイユ温室庭園）

Camomille

[カモミーユ] (*f.*)

カモミール

学名　Chamaemelum nobile
Asteraceae　キク科
Chamaemelum　カモミール属
Plante vivace　多年草
Floraison　6 〜 9月

Soumission [スミスィヨン] (*f.*)　従順

Je vous suis soumis(e) et dévoué(e).
[ジュ・ヴ・スュイ・スミ(ーズ)・エ・デヴエ]
私はあなたに従順で忠実です。

【 *Camomille blanche* (白) 】

Attachement affectueux [アタッシュマン・アフェクテュー] (*m.*)　深い愛情

Je vous suis sincèrement attaché(e).
[ジュ・ヴ・スュイ・サンセルマン・アタシェ]
私はあなたに心から魅きつけられています。

りんごのような香りがあることから "大地のりんご (chamaimelon)" という意味のギリシャ語が語源。昔から発熱、凝り、婦人病などに効くとし、用いられていた薬草で、現在でもハーブティーとして寝る前に飲むとよく眠れると人気。主に美容製品に使われるローマンカモミール (Camomille romaine [カモミーユ・ローメンヌ]) の他に、ハーブティーに使われるシカギク属のジャーマンカモミール (Camomille allemende [カモミーユ・アルマンド]) もある。

Campanule

[カムパニュル] (*f.*)

カンパニュラ

学名　Campanula
Campanulaceae　キキョウ科
Campanula　ホタルブクロ属
Plante vivace　多年草
Floraison　6～9月

Gratitude [グラティテュード] (*f.*)　感謝

Vous êtes charmant(e) mais un peu fier(fière).
[ヴゼット・シャルマン(ト)・メ・アン・プ・フィエール]
あなたは魅力的だけれど、少し傲慢です。

花

【 *Campanule bleu-violet*（青紫）】

Pourquoi me faire souffrir?
[プルクワ・ム・フェール・スフリール]
なぜ私を苦しめるのですか？

小さな鐘（campana）という意味のラテン語が語源で、さまざまな種類があるけれどどれも釣鐘の形をした花が特徴。別名は"Miroir de vénus [ミロワール・ドゥ・ヴェニュス] (*m.*)（ヴィーナスの鏡）"。女神アフロディーテが置き忘れた、映ったものを美しく見せる魔法の鏡に魅入っていた羊飼いの少年から鏡を取り上げると、その場所に咲いたのがカンパニュラだったというギリシャ神話も。中世ではこの花を持った者は真実を言わなくてはいけなかったとか。写真は小さな釣鐘形の花をたくさん咲かすオトメギキョウ（Campanule des murailles [カンパニュル・デ・ミュライユ]）。

Carthame
[カルタム] (*m.*)

ベニバナ

学名　Carthamus tinctorius
Asteraceae　キク科
Carthamus　ベニバナ属
Plante annuelle　一年草
Floraison　7～9月

アラビア語の"kurthum (染める)"から借用された名前。ベニバナの正式名称は"Carthame des teinturiers [カルタム・デ・タンテュリエ] (染物師のベニバナ)"で、紅色染料として使われてきたため。"Faux-safran [フォー・サフラン] (*m.*) (ニセサフラン)"とも呼ばれる。種子を搾って作るベニバナ油 (huile de carthame [ユイル・ドゥ・カルタム] (*f.*)) でもおなじみ。

Chardon
［シャルドン］（*m.*）

アザミ

Asteraceae　キク科
Cirsium　アザミ属
Plante vivace　多年草
Floraison　5〜8月

Austérité［オステリテ］（*f.*）　厳格
Agressivité［アグレスィヴィテ］（*f.*）　攻撃的

Vos paroles me chagrinent.
［ヴォ・パロール・ム・シャグリン］
あなたの言葉に傷ついています。

Méfiez-vous de ma vengeance.
［メフィエ・ヴ・ドゥ・マ・ヴァンジャンス］
私の復讐に用心してください。

キク科アザミ属を主とする花の総称でさまざまな種類がある。キリストが張り付けられた十字架から抜いた釘を聖母マリアが地面に埋めると、そこに咲いたのがアザミの花。棘のある葉や針山のような花の外見は〝キリストの受難〟の象徴とされるように、見るからに痛々しい。かつては乳牛たちが食べるとおいしいミルクが採れるとし、牧草地帯に植えられたとか。

Cœur de Marie

[クール・ドゥ・マリー] (*m.*)

ケマンソウ

学名　Dicentra spectabilis
Papaveraceae　ケシ科
Dicentra　コマクサ属
Plante vivace　多年草
Floraison　4〜6月

かわいらしいハート型の花が特徴的で、その形から"マリアの心臓"の名が。他にも"Chaîne des cœurs [シェーヌ・デ・クール] (*f.*)（ハートの鎖）"などさまざまな名前で呼ばれている。

Colza

[コルザ]（*m.*）

菜の花

学名　Brassica napus
Brassicaceae　アブラナ科
Brassica　アブラナ属
Plante annuelle　一年草
Floraison　4〜5月

名前はオランダ語の"koolzaad"に由来し、同じアブラナ科である"キャベツの種"という意味。種子から菜種油（huile de colza［ユィル・ドゥ・コルザ］（*f.*））を採取するため、フランスでも各地で広大な菜の花畑（champ de colza［シャン・ドゥ・コルザ］（*m.*））が見られる。黄色に染まった大地は、うららかな春の風景のひとつ。

Cosmos

[コスモス]（*m.*）

コスモス

学名　Cosmos
Asteraceae　キク科
Cosmos　コスモス属
Plante annuelle, vivace　一年、多年草
Floraison　7〜10月

花びらが美しく並んだ状態から、ギリシャ語の"kosmos（秩序）"から来たCosmosは、フランス語で"宇宙"という意味もある言葉。そこから"装い"という意味にも転じ、"cosmétique[コスメティック]（美容の）"の語源にもなったとか。すらりと伸びた花が静かに揺れる様子は、パリに少しずつ秋風を運んでくるよう。

【 1er 】❷ Jardin des Tuileries（チュイルリー公園）

Cyclamen

[スィクラメン]（*m.*）

シクラメン

学名　Cyclamen persicum
Primulaceae　サクラソウ科
Cyclamen　シクラメン属
Plante vivace bulbeuse　球根性多年草
Floraison　9〜3月

Beauté[ボーテ]（*f.*）　美
Jalousie[ジャルズィ]（*f.*）　嫉妬

花

Votre beauté me désespère.
[ヴォトル・ボーテ・ム・デセスペール]
あなたの美しさにはかないません。

Notre amour est fait pour durer.
[ノートル・アムール・エ・フェ・プール・デュレ]
私たちの愛は長く続くように作られました。

花茎が丸まって出てくることからギリシャ語で"円（kuklos）"から派生した名前。一部の地域では塊茎が丸く、パンのような形をしていて豚が好んで食べたため"Pain de pourceau[パン・ドゥ・プルソー]（*m.*）（豚のパン）"とも呼ばれた。フランスでも暗い冬を彩る鉢植えとして人気。

Dahlia
[ダリア]（*m.*）

ダリア

学名　Dahlia
Asteraceae　キク科
Dahlia　ダリア属
Plante annuelle bulbeuse　球根性一年草
Floraison　6〜10月

Reconnaissance[ルコネサンス]（*f.*）　感謝
Abondance stérile[アボンダンス・ステリル]（*f.*）　無益な饒舌

花

Merci de votre présence.
[メルスィ・ドゥ・ヴォトル・プレザンス]
あなたがいることに感謝します。

【 *Dahlia rouge*（赤）】

Votre amour fait mon bonheur.
[ヴォトル・アムール・フェ・モン・ボンヌール]
あなたの愛は私を幸せにしてくれます。

メキシコ原産で18世紀末にヨーロッパに導入され、スウェーデンの植物学者アンデル・ダール（Anders Dahl）の名前からつけられたダリア。花びらが多いわりに香りがないことから"無益な饒舌"なんていう意味合いも。さまざまな大きさ、色合い、花容の品種が栽培されている。パリの花公園では、毎年8〜9月にダリアの国際コンクールが催される。

【 12e 】 ⑰ Parc Floral de Paris（パリの花公園） Plan D3

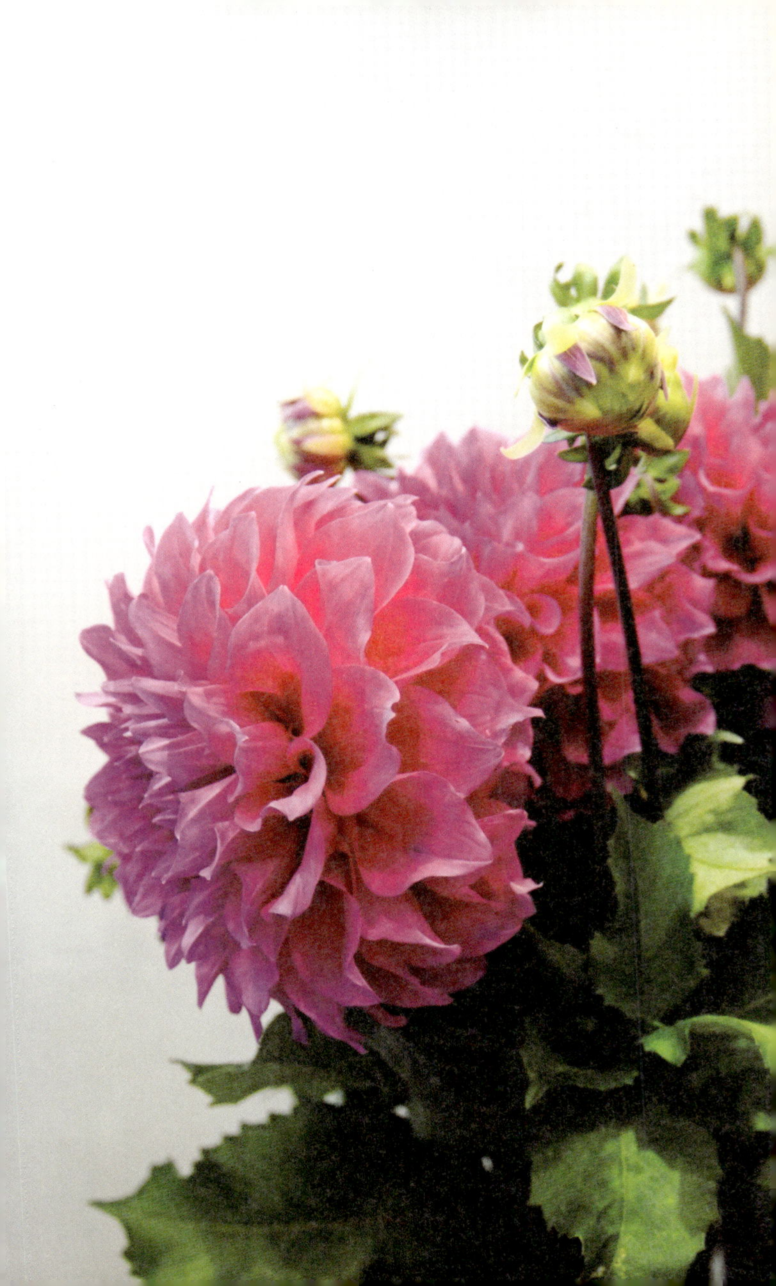

Freesia
[フレズィア]（*m.*）

フリージア

学名　Freesia
Iridaceae　アヤメ科
Freesia　フリージア属
Plante vivace bulbeuse　球根性多年草
Floraison　4～5月

Grâce[グラース]（*f.*）　優雅
Résistance[レズィスタンス]（*f.*）　抵抗

花

Malgré les obstacles,
notre amour résistera.

[マルグレ・レゾプスタクル、
ノトル・アムール・レズィストラ]
さまざまな障害にもかかわらず、
私たちの愛はびくともしないでしょう。

ジャスミンのような強い香りがあり、香水の原料にもよく使われる花。さまざまな花色が生み出されたけれど、最も香りが強いのは元からある黄色と白色。名前はドイツ人の医師、フレーゼ（F.H.T. Freese）に因んで名づけられたとか。

Fuchsia

[フスィア](*m.*)

フクシア

学名　Fuchsia
Onagraceae　アカバナ科
Fuchsia　フクシア属
arbrisseau　小低木
Floraison　6〜10月

Ardeur du cœur [アルドゥール・デュ・クール](*f.*)　熱情

【 *Fuchsia rouge*(赤) 】

Je vous aime de tout mon cœur.
[ジュ・ヴゼム・ドゥ・トゥー・モン・クール]
私はあなたを心から愛しています。

【 *Fuchsia rouge*(赤), *violet*(紫) 】

Mon amour est inébranlable.
[モナムール・エ・イネブランラーブル]
私の愛は揺るぎません。

花

熱帯、亜熱帯地域が原産の鮮やかな色が特徴的なフクシアは、パープルやピンク、赤などの色の名前にもなっている。名前はドイツの植物学者、レオンハルト・フックス（Leonhart Fuchs）に因んで。切り花は日持ちがしないため、鉢植えで贈るのが一般的。"趣味のよさ（goût [グー](*m.*)）"の象徴ともされ、センスのいい人にもプレゼントしてあげたい。

059

花の各名称

生花は fleur fraîche [フルール・フレッシュ]、食用花（エディブルフラワー）は fleur comestible [フルール・コメスティーブル]、ドライフラワー fleur séchée [フルール・セシェ]、造花は fleur artificielle [フルール・アルティフィスィエル]。香りの高い花は fleur odorante [フルール・オドラント] と呼びます。花の各部分の名称を見てみましょう。

【 fleur 】
[フルール]（f.） 花

parfum [パルファン]（m.）
香り

odeur [オドゥール]（f.）
におい

étamine [エタミヌ]（f.）
雄しべ

pollen [ポレン]（m.）
花粉

pistil [ピスティル]（m.）
雌しべ

mauvaise herbe
[モヴェーズ・エルブ]（f.）
雑草

germe [ジェルム]（m.）
芽

graine [グレンヌ]（f.）
種

- bouton [ブトン] (m.) つぼみ
- pétale [ペタル] (m.) 花びら
- tige [ティージュ] (f.) 茎
- sépale [セパル] (m.) ガク
- épine [エピーヌ] (f.) 棘
- feuille [フィユ] (f.) 葉
- racine [ラスィーヌ] (f.) 根

Géranium

[ジェラニオム]（*m.*）

ゼラニウム

学名　Pelargonium
Geraniaceae　フウロソウ科
Pelargonium　テンジクアオイ属
Plante vivace　多年草
Floraison　6～9月

Sentiments d'amour[サンティマン・ダムール]（*m.*）　愛情

【 *Géranium blanc*（白）】

Vous ne croyez pas en mon amour.
[ヴ・ヌ・クロワイエ・パ・アン・モナムール]
あなたは私の愛を信じないのですね。

【 *Géranium rose*（ピンク）】

Je suis très heureux(se) près de vous.
[ジュ・スュイ・トレズゥルー（ズ）・プレ・ドゥ・ヴ]
私はあなたのそばでとても幸せです。

【 *Géranium rouge*（赤）】

Votre pensée ne me quitte pas.
[ヴォトル・パンセ・ヌ・ム・キト・パ]
あなたの考えが頭から離れません。

独特の香りで虫を寄せ付けないため、家の窓辺を飾る花としてフランスで人気なのがテンジクアオイ属。"鶴のくちばし（geranion）"という意味のギリシャ語が語源で、フクロソウ属（geranium）のゼラニウムの細長い果実がくちばしに似ているからだとか。現在、テンジクアオイ属のものもゼラニウムと呼ばれている。

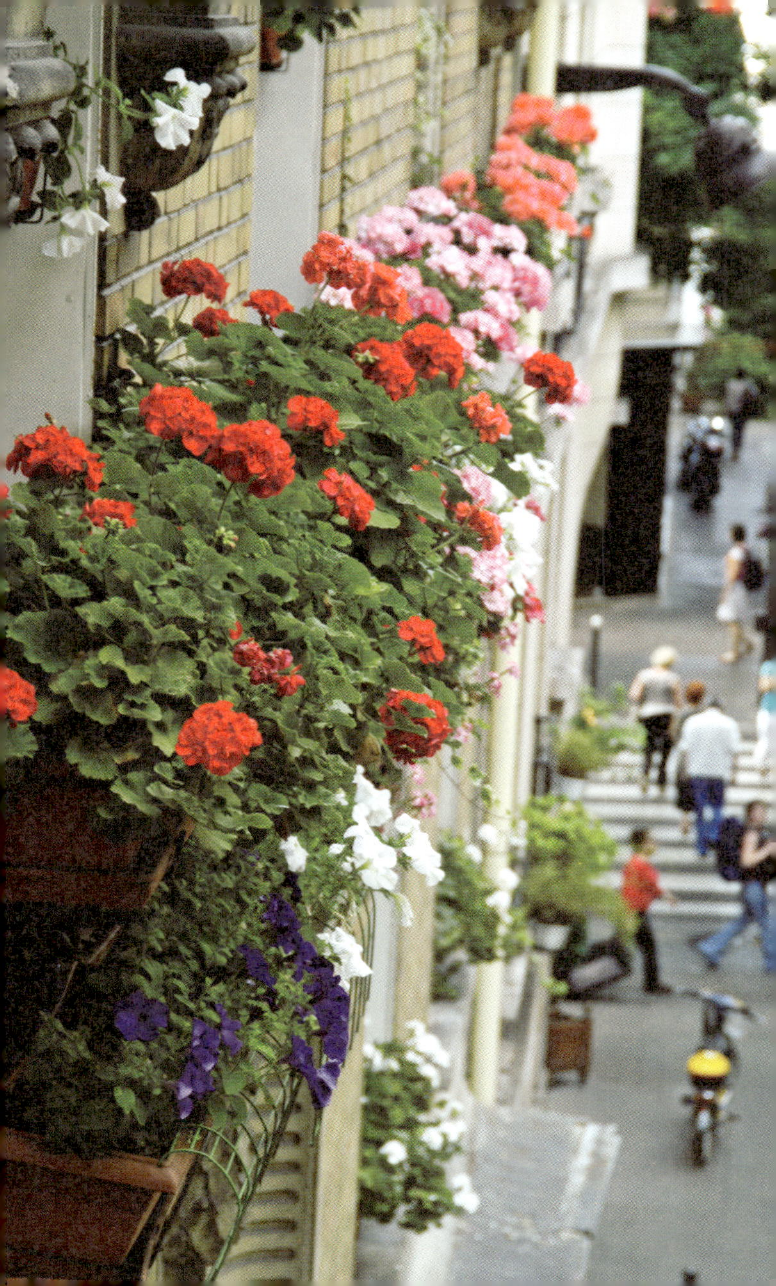

Gerbera

[ジェルブラ]（*m.*）

ガーベラ

学名　Gerbera
Asteraceae　キク科
Gerbera　ガーベラ属
Plante annuelle, vivace　一年、多年草
Floraison　5〜9月

Amour profound

[アムール・プロフォン]（*m.*）

深い愛情

18世紀にこの花を発見したドイツ人の自然学者、トラウゴット・ゲルバー（Traugott Gerber）の名前からつけられたガーベラ。タバコの煙などに含まれるベンゼンを吸収する働きがあり、空気の浄化にも役立つとか。フランスでも切り花として人気のひとつで、さまざまに揃うポップな色合いと、パッと開いた花びらは見ているだけで元気をくれそう。

Giroflée
[ジロフレ](*f.*)
ストック

学名　Matthiola incana
Brassicaceae　アブラナ科
Matthiola　アラセイトウ属
Plante vivace　多年草
Floraison　3〜9月

Constance[コンスタンス](*f.*)　不変
Fidélité[フィデリテ](*f.*)　誠実さ

【 *Giroflée blanche*（白）】

Mon amour est fidèle.
[モナムール・エ・フィデル]
私の愛は不変です。

【 *Giroflée rouge*（赤）】

Je vous aime de plus en plus.
[ジュ・ヴゼム・ドゥ・プリュザン・プリュ]
あなたをますます愛しています。

学名はイタリア人の植物学者であるマティオリ（P.A. Matthioli）に因む。香りが丁子（clou de girofle[クルー・ドゥ・ジロフル]（*m.*））に似ていることから、"ジロフレ"の名前が。日本ではストックの名前で知られている、香りの強い華やかな花。

Gypsophile

[ジプソフィル] (*f.*)

カスミソウ

学名　Gypsophila paniculata
Caryophyllaceae　ナデシコ科
Gypsophila　カスミソウ属
Plante vivace　多年草
Floraison　6〜8月

Bonheur

[ボヌール] (*m.*)

幸福

ギリシャ語の"gypsos（石灰）"と"philos（友達）"の2つの言葉に由来する名前で、カスミソウ属の一部の植物が石灰質の土地を好むことから。小さな花がたくさん集まり、もやがかった印象から"Gypsophile brouillard『ジプソフィル・ブルィヤール』（霧のジプソフィラ）"とも呼ばれる。結婚式で新婦に付き添う女の子が持つブーケに使われることが多い、幸せの象徴。

Hibiscus
[イビスキュス]（*m.*）

ハイビスカス

学名　Hibiscus rosa-sinensis
Malvaceae　アオイ科
Hibiscus　フヨウ属
Arbuste　低木
Floraison　5～9月

Amour[アムール]（*m.*）　愛

Vous réveillez en moi des sentiments agréables.

[ヴ・レヴェイエ・アン・モワ・
デ・サンティマン・アグレアーブル]
あなたは私に心地よい感情を
よみがえらせます。

さまざまな種類のあるフヨウ属だけれど、一般的にハイビスカスとして知られるのはブッソウゲ（hibiscus rosa-sinensis）。"Rose de Chine [ローズ・ドゥ・シヌ]（*f.*）（中国のバラ）"と呼ばれることも。ギリシャ語の"hibiskos（タチアオイ）"が語源で、ハイビスカスとタチアオイの花が似ていることから。

Hortensia
[オルタンスィア]（*m.*）
アジサイ

学名　Hydrangea
Hydrangeaceae　アジサイ科
Hydrangea　アジサイ属
Arbuste　低木
Floraison　6〜9月

Caprice[カプリス]（*m.*）　気まぐれ、移り気
Froideur[フロワドゥール]（*f.*）　冷淡

花

Vous êtes beau(belle) mais froid(e).
[ヴゼット・ボー（ベル）・メ・フロワ（ド）]
あなたは美しいが冷淡です。

【 *Hortensia bleu*（青）, *blanc*（白）】

Vos caprices me peinent.
[ヴォ・カプリス・ム・ペヌ]
あなたの気まぐれは私を苦しめます。

咲き始めてから色が変化していくアジサイは、日本同様フランスの花言葉でも"移り気"。学名の"hydrangea"はギリシャ語の"水（hydro）"と"樽または壺（angeion）"が語源で、花のさく果が水瓶のようだからだとか。フランス北部のブルターニュ地方では、家の庭を覆いつくすように咲くアジサイが見られるけれど、土壌の違いのせいか日本よりも色が濃いものが多い。

【 11ᵉ 】⓯ Square Louis-Majorelle（ルイ・マジョレュ公園）(Plan C2)

068

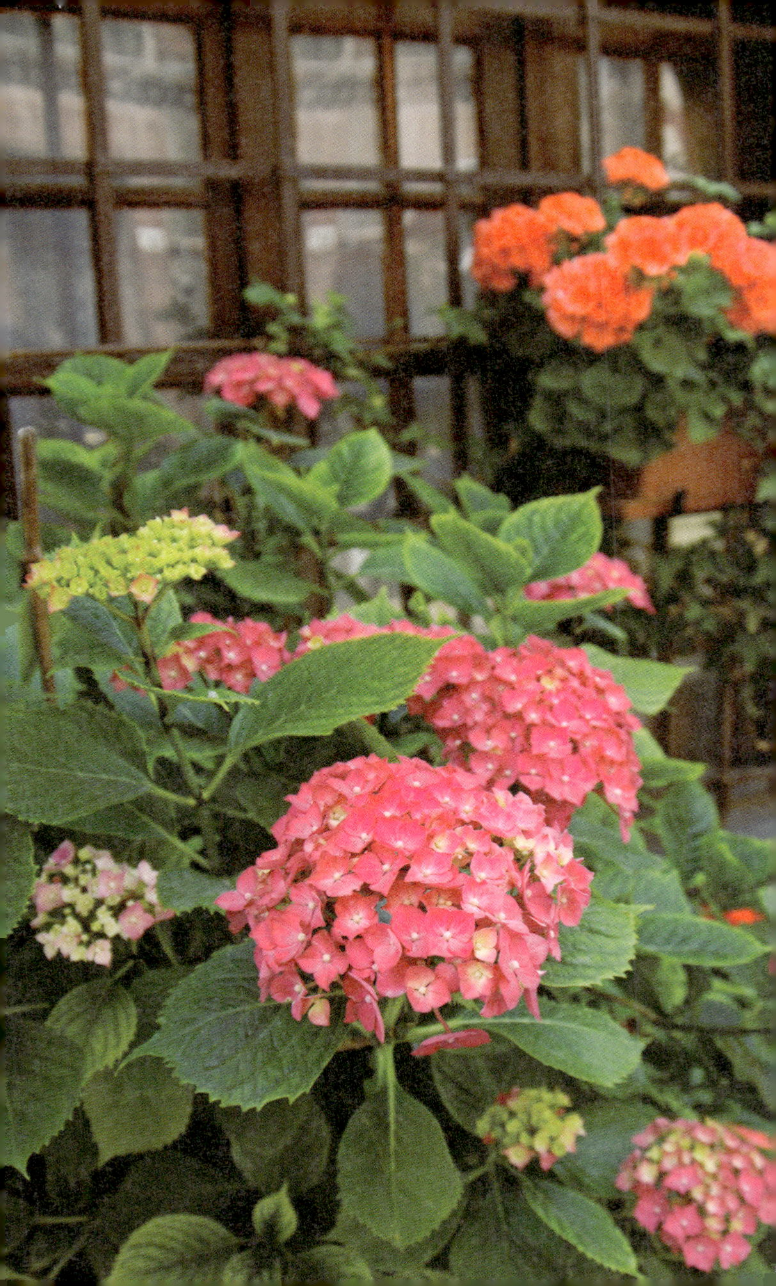

Iris

[イリス]（*m.*）

アイリス

学名　Iris
Iridaceae　アヤメ科
Iris　アヤメ属
Plante vivace　多年草
Floraison　5〜7月

Bonne nouvelle［ボンヌ・ヌーヴェル］（*f.*）　うれしい知らせ
Cœur tendre［クール・タンドル］（*m.*）　優しい心

【 *Iris bleu*（青）, *violacé*（紫がかった）】

Je vous aime tendrement.
［ジュ・ヴゼム・タンドルマン］
思いやりを持ってあなたを愛しています。

【 *Iris blanc*（白）, *bleu*（青）】

Je vous aime avec confiance.
［ジュ・ヴゼム・アヴェク・コンフィヤンス］
自信を持ってあなたを愛しています。

【 *Iris jaune*（黄）, *panaché*（まだら）】

Je vous aime avec bonheur.
［ジュ・ヴゼム・アヴェク・ボヌール］
喜びを持ってあなたを愛しています。

ギリシャ語で"神々からのメッセージ"という意味のirisは、古くから"虹"を指す言葉でも。その虹色に輝く（irisér［イリゼ］）花の色から古代エジプトでは神聖なものとみなされていた。フランス王家の紋章として知られている"fleur de lis［フルール・ドゥ・リス］（f.）"はユリの花ではなくて、このアイリスのこと。クロヴィス1世がゴート族によってライン川に追い込まれた時に、川の中央で黄色いアイリスが咲いているのを見つけ、川の浅瀬を渡ることができたという伝説から。12世紀にルイ7世が紋章として用い、"fleur de Louis［フルール・ドゥ・ルイ］"の呼称が婉曲されたとか。

植物園 ❻ Jardin des plantes（植物園） Plan C2
植物園内、Jardin d'iris（アイリス園）では150種類ものコレクションがある。

Jacinthe

[ジャサント]（*f.*）

ヒヤシンス

学名　Hyacinthus
Liliaceae　ユリ科
Hyacinthus　ヒヤシンス属
Plante vivace bulbeuse　球根性多年草
Floraison　4 〜 6月

Jeu［ジュ］（*m.*）　ゲーム
Joie du cœur［ジョワ・デュ・クール］（*f.*）　心からの喜び

【 *Jacinthe blanche*（白）】

Je suis heureux(se) de vous aimer.
［ジュ・スュイ・ウルー(ズ)・ドゥ・ヴ・エメ］
あなたを愛して幸せです。

【 *Jacinthe bleue*（青）】

L'espoir que vous me donnez me ravit.
［レスポワール・ク・ヴ・ム・ドネ・ム・ラヴィ］
あなたがくれる希望にうっとりしています。

【 *Jacinthe jaune*（黄）】

Mon amour vous rendra heureux(se).
［モナムール・ヴ・ランドラ・ウルー(ズ)］
私の愛はあなたを幸福にするでしょう。

ギリシャ神話で太陽神アポロンとヒュアキントスが円盤投げに興じていたところ、嫉妬した西風神ゼピュロスが風で向きを変えたため、円盤に当たって死んだヒュアキントスの流した血から生まれたという花。フランスでは"Hyacinthus [イヤサンテュス] (m.)"と呼ばれるよりも、より古くからある"ジャサント"の名前が一般的。香りの強い華やかな花は、開花を早まらせてクリスマスの飾りとしても売られる。

【16e】 ㉑ Parc de Bagatelle（バガテル公園） (Plan A2)

Jonquille
[ジョンキーユ] (*f.*)

黄水仙

学名　Narcissus jonquilla
Amaryllidaceae　ヒガンバナ科
Narcissus　スイセン属
Plante vivace bulbeuse　球根性多年草
Floraison　3～5月

Désir [デズィール] (*m.*)　欲望

花

Je me languis d'amour pour vous.
[ジュ・ム・ランギ・ダムール・プール・ヴ]
あなたへの恋に焦がれています。

Je vous désire.
[ジュ・ヴ・デズィール]
あなたが欲しいです。

水仙の一種である"narcissus jonquilla"のことが"ジョンキーユ"だけれど、黄色い水仙のことをメインに白い水仙のことも呼ぶことが多い。ラテン語の"juncus（イグサ）"に由来し、葉の形がイグサと似ていることからだとか。パリでは白い水仙よりもよく見かけ、輝かしい黄色で春の訪れを教えてくれる花のひとつ。

【 6e 】❾ Jardin du Luxembourg（リュクサンブール公園）Plan B2
【 16e 】㉑ Parc de Bagatelle（バガテル公園）Plan A2

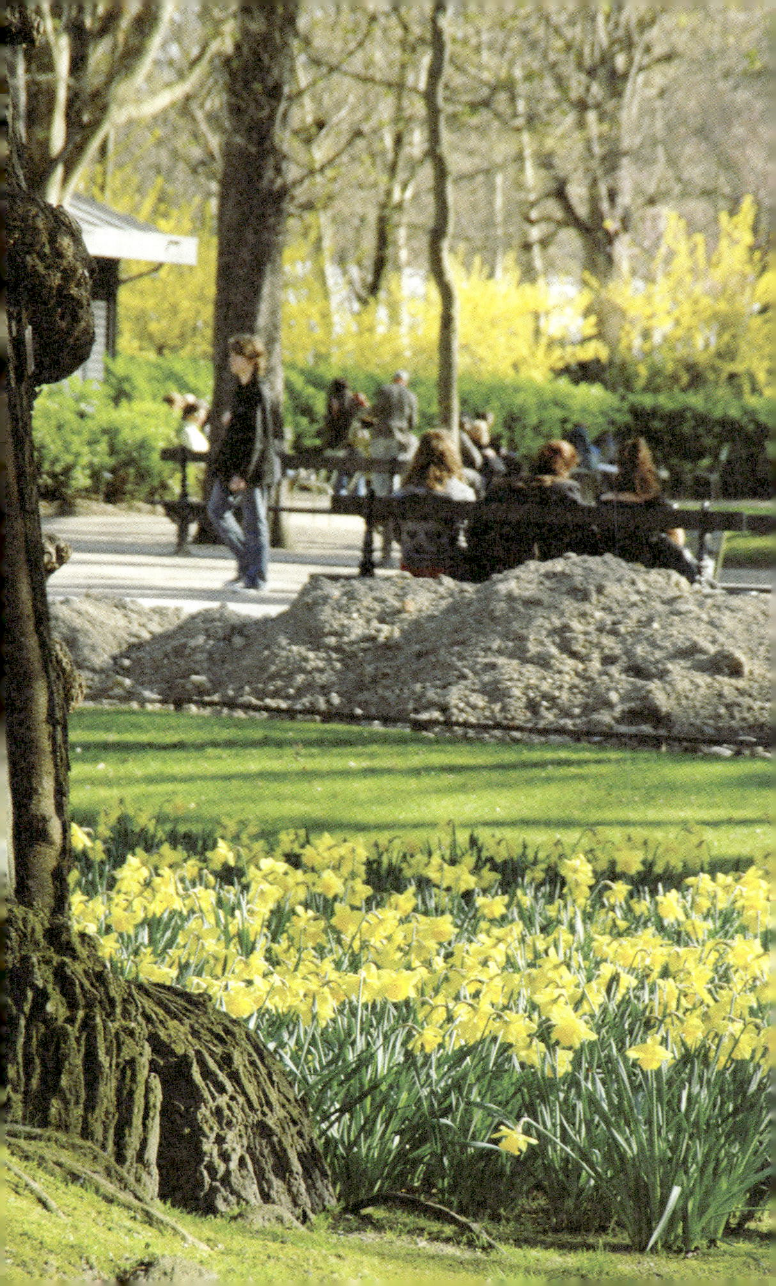

Lavande
[ラヴァンド](*f.*)

ラベンダー

学名　Lavandula
Lamiaceae　シソ科
Lavandula　ラベンダー属
Arbrisseau　小低木
Floraison　6〜8月

Respect[レスペ](*m.*)　尊敬
Tendresse[タンドレス](*f.*)　思いやり

花

Je vous aime respectueusement.
[ジュ・ヴゼム・レスペクテューズマン]
敬意を持ってあなたを愛しています。

爽やかな香りのハーブとして知られているラベンダー。ラテン語の"lavare（洗う）"が語源の通り、古くから入浴剤として使われてきた。花は乾燥させて洋服箪笥の中に入れておけば防虫効果になり、エッセンシャルオイルやハーブティーにすれば精神安定や鎮痛などさまざまな効能がある。46年目の結婚記念日を"les noces de lavande [レ・ノス・ドゥ・ラヴァンド]"と呼び、ラベンダーを贈り合うことも。南仏プロヴァンス地方では、大地一面が紫色に染まるラベンダー畑を見ることができる。

Lilas
[リラ] (*m.*)

ライラック

学名　Syringa vulgaris
Oleaceae　モクセイ科
Syringa　ハシドイ属
Arbuste　低木
Floraison　5〜6月

【 *Lilas blanc*（白）】

Amour naissant [アモール・ネサン] (*m.*)　生まれたての愛

Mon amour s'éveille à vous.
[モナムール・セヴェイユ・ア・ヴ]
私の愛はあなたに目覚めました。

【 *Lilas mauve*（薄紫）】

Demande en mariage [ドゥモンド・アン・マリアージュ] (*f.*)　プロポーズ

Mon cœur est à vous.
[モン・クール・エ・タ・ヴ]
私の心はあなたのものです。

その名前はペルシャ語の"nîlak（青みを帯びた）"に由来。学名の"syringa"はラテン語で"葦"を意味し、ライラックの新芽の茎が空洞なことからつけられたとか。フランスに持ち込まれた時から愛する人に贈るブーケとして人気となり、20世紀にはライラックを題材とするさまざまな歌が作られるほど、ポピュラーな花に。心地よい香りを放つ花木として家の庭にもよく植えられている。

【 4e 】❺ Square Marie-Trintignant（マリー・トランティニャン公園） Plan C2

Lis（Lys）

[リス]（*m.*）

ユリ

学名　Lilium
Liliaceae　ユリ科
Lilium　ユリ属
Plante vivace bulbeuse　球根性多年草
Floraison　5 〜 9 月

Pureté[ピュルテ]（*f.*）　純潔
Innocence[イノサンス]（*f.*）　潔白

花

Mes sentiments pour vous sont purs.
[メ・サンティマン・プール・ヴ・ソン・ピュール]
あなたに対する思いは純粋です。

Votre pureté me séduit.
[ヴォトル・ピュルテ・ム・セデュイ]
あなたの純粋さに魅かれます。

ギリシャ神話では、女神ヘーラーの乳が地上に落ちて咲いたのがユリ。大きな白い凛とした花は、聖母マリアの象徴として "Lis de la madone[リス・ドゥ・ラ・マドンヌ]（マドンナリリー）" とも呼ばれ、多くの宗教画などに登場する花でも。その純粋なイメージは現在でも教会の祭壇に飾られたり、結婚式の花束として人気。

078

Lupin
[リュバン]（*m.*）

ルピナス

学名　Lupinus
Fabaceae　マメ科
Lupinus　ルピナス属
Plante annuelle, vivace　一年、多年草
Floraison　5〜6月

Besoin de calme
[ブゾワン・ドゥ・カルム]（*m.*）

静寂の欲求

ラテン語の"lupus（オオカミ）"に由来し、この植物が土壌の養分を使い果たしてしまうことから貪欲なオオカミに喩えられたとか。巨大な花穂をつけるものもあり、満開時の様子はまさにゴージャス。白花ルピナス（Lupin blanc [リュバン・ブラン]）の種は、食用にする地域もある。

Marguerite

[マルグリト] (*f.*)

フランスギク

学名　Leucanthemum vulgare
Asteraceae　キク科
Leucanthemum　フランスギク科
Plante vivace　多年草
Floraison　6〜7月

Innocence [イノサンス] (*f.*)　潔白
Simplicité du cœur [サンプリシテ・デュ・クール] (*f.*)　心からの率直さ

花

Je ne vois que vous.
[ジュ・ヌ・ヴォワ・ク・ヴ]
あなたしか見えません。

M'aimez-vous?
[メメ・ヴ]
私を愛していますか？

Vous êtes le(la) plus beau(belle).
[ヴゼット・ル(ラ)・プリュ・ボー(ベル)]
あなたが一番美しい。

花びらを一枚ずつはがしながら、「*Je t'aime un peu* [ジュ・テーム・アン・プ] (ちょっと好き)、*beaucoup* [ボークー] (大好き)、*passionnément* [パスィヨネマン] (情熱的に好き)、*à la folie* [ア・ラ・フォリ] (狂おしいほど好き)、*pas de tout* [パ・ドゥ・トゥー] (ぜんぜん好きじゃない)……」の恋占いでもお馴染みのマーガレット。ただし日本でマーガレットと呼ばれているモクシュンギク属とは異なり、フランスギク属をフランスではマーガレットと呼ぶ。ペルシャ語の"*margiritis* (真珠)"が語源。

【 16e 】㉑ Parc de Bagatelle (バガテル公園) (Plan A2)

Mimosa
[ミモザ](*m.*)

ミモザ

学名 Acacia
Mimosaceae (fabaceae)
ネムノキ科(またはマメ科)
Acacia　アカシア属
Arbre 高木
Floraison　12～3月

Sensibilité[サンスィビリテ](*f.*)　繊細さ
Sécurité[セキュウリテ](*f.*)　安心

Personne ne sais que je vous aime.
[ペルソンヌ・ヌ・セ・ク・ジュ・ヴゼム]
私があなたを愛していることは誰も知りません。

Je doute de votre amour.
[ジュ・ドゥット・ドゥ・ヴォトル・アムール]
あなたの愛を疑っています。

フランスでよく見られるミモザの学名は "acacia dealbata（フサアカシア）" または "acacia baileyana（ギンヨウアカシア）" でアカシア属の高木。acaciaの名前はギリシャ語の "akis（先端）" に由来し、枝に棘のある種類があることから。まぶしいほどの黄色いふわふわの房が木全体を覆う光景は、太陽が街を照らすよう。お花屋さんでもミモザの切り花が売られているのを見かける。南仏のマンドリュー・ラ・ナプール（Mandelieu-La Napoule）の街では、毎年2月にミモザを投げ合うお祭り（fête du mimosa[フェット・デュ・ミモザ](*f.*)）が行われ、一足早い春の訪れを祝う。

Muguet

[ミュゲ]（*m.*）

スズラン

学名　Convallaria majalis
Liliaceae　ユリ科
Convallaria　スズラン属
Plante vivace　多年草
Floraison　4〜5月

Retour du bonheur[ルトゥール・デュ・ボンヌール]（*m.*）　幸福の再来
coquetterie discrète[コケトリー・ディスクレット]（*f.*）　さりげないお洒落

花

Raccommodons-nous.
[ラコモドン・ヌ]
仲直りしましょう。

Rien ne vous pare mieux que votre beauté.
[リヤン・ヌ・ヴ・パル・ミュー・ク・ヴォトル・ボーテ]
あなたの美しさ以上にあなたを飾るものはありません。

フランスで5月1日はスズランの日。1561年、シャルル9世の時代から始まったスズランを贈る習慣は、今でもこの花をもらうと幸せになるとして続いている。この日は誰でもスズランを売ることができ、1日だけのスズラン売りが街中で見られる日でも。特に13本のスズランを贈るのがいいらしい。強い香りがナツメグ（noix de muscade [ノワ・ドゥ・ミュスカド]（*f.*））を彷彿させるのが名前の由来だとか。また学名が意味する"Lis des vallées [リス・デ・ヴァレ]（谷間のユリ）"、"Lis de mai [リス・ドゥ・メ]（*m.*）（5月のユリ）"と呼ばれることも。13年目の結婚記念日を祝う花でもある。

【 4e 】 ❺ Square Marie-Trintignant（マリー・トランティニャン公園） Plan C2

Myosotis
[ミヨゾティス](*m.*)

ワスレナグサ

学名　Myosotis
Boraginaceae　ムラサキ科
Myosotis　ワスレナグサ属
Plante bisannuelle, vivace　二年、多年草
Floraison　4～6月

Amour véritable[アムール・ヴェリターブル](*m.*)　真実の愛
Souvenir fidèle[スヴニール・フィデル](*m.*)　鮮明な思い出

花

Ne m'oubliez pas.
[ヌ・ムブリエ・パ]
私を忘れないでください。

恋人のために花を摘もうとしてバランスを崩し、川に落ちてしまったドイツの騎士。川の流れに呑まれながらも恋人に摘んだ花を投げ、「私のことを忘れないで」と言ったという伝説のある花。ミヨゾティスとはギリシャ語で"ネズミ(mus)"と"耳(ôtos)"という意味で、毛の生えた葉っぱが似ているからだとか。フランス語で"Oreille de souris[オレイュ・ドゥ・スリ](*f.*)(ネズミの耳)"とも呼ばれる。

【 5e 】❼ Jardin du Musée de Cluny (クリュニー美術館庭園) (Plan B2)
【 6e 】❾ Jardin du Luxembourg (リュクサンブール公園) (Plan B2)

色言葉

色言葉は langage des couleurs [ランガージュ・デ・クルール] (*m.*)。花言葉のみならず、同じ花でも色によって意味合いが変わってきます。各色にはこんな意味があります。

【 Rouge 】[ルージュ] (*m.*) 赤
Passion [パスィヨン] (*f.*) 情熱
Ambition [アンビスィヨン] (*f.*) 野心
Courage [クラージュ] (*m.*) 勇気

【 Rose 】[ローズ] (*m.*) ピンク
Douceur [ドゥスール] (*f.*) やさしさ
Timidité [ティミディテ] (*f.*) 内気
Jeunesse [ジュネス] (*f.*) 若さ

【 Blanc 】[ブラン] (*m.*) 白
Pureté [ピュルテ] (*f.*) 純粋
Consolation [コンソラスィヨン] (*f.*) 慰め
Raffinement [ラフィヌマン] (*m.*) 洗練

【 Jaune 】[ジョーヌ] (*m.*) 黄
Bonheur [ボヌール] (*m.*) 幸福
Jalousie [ジャルズィ] (*f.*) 嫉妬
Infidélité [アンフィデリテ] (*f.*) 不誠実

【 Orange 】[オランジュ] (*m.*) オレンジ
Gaieté [ゲテ] (*f.*) 陽気さ
Grandeur [グランドゥール] (*f.*) 偉大さ
Satisfaction [サティスファクスィヨン] (*f.*) 満足感

【 Vert 】[ヴェール] (*m.*) 緑
Optimisme [オプティミスム] (*m.*) 楽天主義
Espoir [エスポワール] (*m.*) 希望
Joie [ジョワ] (*f.*) 喜び

【 Bleu 】[ブルー](*m.*)　青
Tendresse[タンドレス](*f.*)　思いやり
Tranquillité[トランキリテ](*f.*)　平穏
Froideur[フロワドゥール](*f.*)　冷淡

【 Violet 】[ヴィヨレ](*m.*)　紫
Délicatesse[デリカテス](*f.*)　繊細さ
Générosité[ジェネロズィテ](*f.*)　寛大
Douleur[ドゥルール](*f.*)　苦悩

【 Pourpre 】[プルプル](*m.*)　赤紫
Puissance[ピュイサンス](*f.*)　強さ
Autorité[オトリテ](*f.*)　威厳
Sagesse[サジェス](*f.*)　賢明さ

【 Mauve 】[モーヴ](*m.*)　薄紫
Chasteté[シャステテ](*f.*)　純潔
Sérénité[セレニテ](*f.*)　平穏
Inquiétude[アンキエテュード](*f.*)　不安

【 Noir 】[ノワール](*m.*)　黒
Deuil[ドゥイユ](*m.*)　悲嘆
Mélancolie[メランコリ](*f.*)　憂鬱
Tristesse[トリステス](*f.*)　悲しみ

その他の色合い
【Panaché(e)】[パナシェ]　まだらの　多色の
【Violacé(e)】[ヴィヨラセ]　紫色がかった

Narcisse
[ナルスィス] (*m.*)

水仙

学名　Narcissus
Amaryllidaceae　ヒガンバナ科
Narcissus　スイセン属
Plante vivace bulbeuse　球根性多年草
Floraison　3〜5月

Egoïsme [エゴイスム] (*m.*)　エゴイズム
Vanité [ヴァニテ] (*f.*)　虚栄心

花

Vous n'aimez que vous-même.
[ヴ・ネメ・ク・ヴ・メム]
自分自身のことしか愛していないのですね。

Vous n'avez pas de cœur.
[ヴ・ナヴェ・パ・ドゥ・クール]
あなたは心がないのですね。

水面に映った自分の姿に恋をし、その恋の苦しみのあまり花になってしまったナルキッソスの有名なギリシャ神話。ナルシシズム (narcissisme (*m.*))の言葉の元になったナルスィスながら、語源のギリシャ語は"麻痺 (narke)"。古くから水仙の花や球根の匂いに麻酔作用があるとされており、フランス語の"麻酔 (narcose [ナルコーズ] (*f.*)"の言葉も作り出している。

【 16e 】㉑ Parc de Bagatelle（バガテル公園）　Plan A2

Nénuphar
[ネニュファール]（*m.*）

スイレン

学名　Nymphaea
Nymphaeaceae　スイレン科
Nymphaea　スイレン属
Plante aquatique vivace　水生多年草
Floraison　7～8月

Froideur[フロワドゥール]（*f.*）　冷淡
Indifférence[アンディフェランス]（*f.*）　無関心

Votre cœur trop froid ne sais pas saisir l'amour que je vous porte.

[ヴォトル・クール・トロ・フロワ・ヌ・セ・パ・セズィール・ラムール・ク・ジュ・ヴ・ポルト]

冷たすぎるあなたの心では、
私があなたに抱いている愛を知る由もないでしょう。

学名は、ギリシャ神話に出てくる "水の精（nymphe [ナンフ]（*f.*））" に由来する。ギリシャ神話ではヘラクレスへの恋が叶わず身を投げたニンフの生まれ変わりとも。晩年、スイレンを描き続けた画家クロード・モネの "睡蓮" はパリのオランジュリー美術館で見ることができる。彼が制作をしていたオート・ノルマンディ地方のジヴェルニー（Giverny）にある "モネの庭" では、今でも毎年美しいスイレンが咲き乱れている。

【 16e 】㉑ Parc de Bagatelle（バガテル公園） Plan A2

Nivéole d'été

[ニヴェオール・デテ]（*f.*）
スノーフレーク

学名　Leucojum aestivum
Amaryllidaceae　ヒガンバナ科
Leucojum　スノーフレーク属
Plante vivace bulbeuse　球根性多年草
Floraison　2〜4月

スズランに似た小さな白い花をつけるのだけれど、花びらの先端に緑色の斑点があるのが特徴。スノーフレーク（雪のひとひら）と呼ばれているこの花は、ラテン語の"niveus（雪）"を語源とし、フランス語では"夏の雪"。とはいえ、開花時期は春で、冬の終わりに咲く、より背が低く大きい花をつける"Nivéole de printemps[ニヴェオール・ドゥ・プランタン]（春の雪）"もある。

8 Square René-Viviani（ルネ・ヴィヴィアニ公園）

Œillet
[ウイエ]（*m.*）

カーネーション

学名　Dianthus caryophyllus
Caryophyllaceae　ナデシコ科
Dianthus　ナデシコ属
Plante vivace　多年草
Floraison　6〜9月

Ardeur[アルドゥール]（*f.*）　熱情
Audace[オダス]（*f.*）　大胆

【 *Œillet rouge*（赤）】

Vous m'inspirez des sentiments charnels.
[ヴ・マンスピレ・デ・サンティマン・シャルネル]
あなたは私に性的な感情を抱かせます。

【 *Œillet rose*（ピンク）】

Je vous réponds favorablement.
[ジュ・ヴ・レポン・ファヴォラブルマン]
あなたに好意的な返事をします。

【 *Œillet panaché*（まだら）】

Je réfléchirai.
[ジュ・レフレシレ]
よく考えて見ましょう。

日本ではアメリカの影響で母の日の花として人気のカーネーションだけれど、フランスでは特にこの日にカーネーションを贈る習慣はない。19世紀には演劇監督が賞賛する役者にはバラを、使いたくない役者にはカーネーションを贈ったことから、演劇関係の人々には悪運をもたらすとされている花でも。学名の"dianthus"は、ギリシャ語で"神の花"という意味があり、古代ギリシャでは儀式の冠を作るのに使われたからだとか。

Œillet d'Inde
[ウイエ・ダンド]（*m.*）

マリーゴールド

学名　Tagetes patula
Asteraceae　キク科
Tagetes　タゲテス属
Plante annuelle　一年草
Floraison　6〜10月

Séparation[セパラスィヨン]（*f.*）　別れ

花

Pourquoi suis-je si loin de vous?
[プールクワ・スュイ・ジュ・スィ・ロワン・ドゥ・ヴ]
なぜ私はあなたからこんなにも遠くにいるのかしら？

正確には、フレンチ・マリーゴールドが"Œillet d'Inde"、アフリカン・マリーゴールドが"Rose d'Inde [ローズ・ダンド]（*f.*）"と呼ばれている。西インド諸島のひとつアンティル諸島からもたらされたため、"Inde [アンド]（*f.*）（インド）"の名前が。葉や根の独特の香りは虫を寄せ付けないとされ、菜園の真ん中に植えられることが多い。

Orchidée
[オルキデ] (*f.*)

ラン

Orchidaceae　ラン科
Plante vivace　多年草

Raffinement [ラフィヌマン] (*m.*)　洗練
Beauté suprême [ボーテ・スュプレーム] (*f.*)　至上の美

【 *Orchidée blanche* (白) 】

J'ai pour vous un amour pur.
[ジェ・プール・ヴ・アン・ナムール・ピュル]
私はあなたに純粋な愛を抱いています。

ギリシャ語で"orchis（睾丸）"が語源で、塊茎の形が似ているためだとか。コチョウランは"Orchidée papillon [オルキデ・パピヨン]"、袋状の唇弁が特徴的なパフィオペディルムは"Sabot de vénus [サボ・ドゥ・ヴェニュス] (*m.*)（女神の木靴）"など、さまざまな種類がある。55回目の結婚記念日の花でも。パリのリュクサンブール公園にある元老院やオトゥイユ温室庭園ではランのコレクションを所有するけれど、一般公開されるのは限られた日のみ。

【 6e 】 ❾ Jardin du Luxembourg（リュクサンブール公園） Plan B2
【 16e 】 ⓳ Jardin des serres d'Auteuil（オトゥイユ温室庭園） Plan A2

Pavot

[パヴォ]（*m.*）

ケシ

学名　Papaver
Papaveraceae　ケシ科
Papaver　ケシ科
Plante annuelle, vivace　一年、多年草
Floraison　5～7月

Rêve[レーヴ]（*m.*）　夢
Sommeil[ソメイユ]（*m.*）　眠り

花

Je rêve de vous.
[ジュ・レーヴ・ドゥ・ヴ]
あなたの夢を見ています。

Mon cœur sommeille.
[モン・クール・ソメイユ]
私の心はまどろんでいます。

麻薬のアヘン（opium [オピオム]（*m.*））の原料として有名なケシは、"Pavot à opium [パヴォ・ア・オピオム]"。学名は"眠気をもたらす"という意味で、果実から出る乳液は古くから薬とされ、現在も麻酔薬のモルヒネなど医薬品に使われている。よくパンの上にのっている黒い粒は、ポピーシード（pavot）でおなじみのケシの種子で、こちらはもちろん無害。ケシの一種であるヒナゲシ（Coquelicot [コクリコ]（*m.*））は、フランスでは麦畑や道端で見かけるポピュラーな花。

Pensée
[パンセ] (*f.*)

パンジー

学名　Viola × wittrockiana
Violaceae　スミレ科
Viola　スミレ属
Plante vivace　多年草
Floraison　11〜5月

Pensée affectueuse [パンセ・アフェクテューズ] (*f.*)　愛情の込もった思い
souvenir [スヴニール] (*m.*)　思い出

Pensez à moi comme je pense à vous.
[パンセ・ア・モワ・コム・ジュ・パンス・ア・ヴ]
私があなたを思うように、私を思ってください。

Je ne pense qu'à vous.
[ジュ・ヌ・パンス・カ・ヴ]
あなただけを思っています。

スミレ (Violette [ヴィオレット] (*f.*)) と同じ仲間で学名の "viola" は紫色を意味する。三色スミレ (viola tricolor) などと交配させて作られたパンジーは、今ではさまざまな色の組み合わせで見られる。中世ではすでに "思い出" のシンボルの花だったため、動詞 "penser [パンセ] (覚えておく)" にその名を由来するとか。

【 12e 】 ⓰ Parc de Bercy (ベルシー公園) (Plan C3)

Perce-neige
[ペルス・ネージュ](*m.*)

スノードロップ

学名　Galanthus nivalis
Amaryllidaceae　ヒガンバナ科
Galanthus　ガランサス属
Plante vivace bulbeuse　球根性多年草
Floraison　1〜2月

Espérance[エスペランス](*f.*)　希望

花

Espérons des jours meilleurs.
[エスペロン・デ・ジュール・メイユール]
よりよい日々を期待しましょう。

スノードロップ（雪のしずく）という儚げな名に反してフランス語では"Perce-neige（雪に穴を開ける）"。うっすら積もった雪に穴を開けて頭をもたげ、花を咲かせることから。学名の"galanthus"はギリシャ語で"ミルクの花"という意味で、場所によっては"Goutte de lait [グット・ドゥ・レ](*f.*)（ミルクのしずく）"と呼ぶところも。楽園を追い出されて絶望していたアダムとイヴを、勇気づけるため、天使が雪をこの花に変えたという伝説もあり。まだ植物の生えてこない土色の冬の大地にいち早く咲くまばゆいばかりの白い花は、希望の光のよう。

Physalis

[フィサリス](*m.*)

ホオズキ

学名　Physalis alkekengi
Solanaceae　ナス科
Physalis　ホオズキ属
Plante vivace　多年草
Floraison　5〜7月

果実を包んだ袋状のガクが特徴的で、名前もギリシャ語の"physa（ふくれた袋）"
に由来。その形から"Amour en cage [アムール・アン・カージュ]（*m.*）（檻の中の愛）"や
"Lanterne japonaise [ランテルヌ・ジャポネーズ]（*f.*）（日本の提灯）"なんて呼び名も。

Pivoine
[ピヴォワンヌ] (*f.*)

ボタン

学名　Paeonia Suffruticosa
Paeoniaceae　ボタン科
Paeonia　ボタン属
Arbuste　低木
Floraison　4 〜 6月

Timidité [ティミディテ] (*f.*)　羞恥心
Sincérité [サンセリテ] (*f.*)　率直さ

J'ai honte de ce que j'ai fait.
[ジェ・オント・ドゥ・ス・ク・ジェ・フェ]
私がしたことを恥じています。

【 *Pivoine rouge*（赤）】

Mon amour veille sur vous.
[モナムール・ヴェイユ・スュル・ヴ]
私の愛はあなたを見守っています。

【 *Pivoine rose*（ピンク）】

Ne comptez que sur moi.
[ヌ・コンテ・ク・スュル・モア]
私だけを当てにしてください。

その名前はギリシャ神話で神々の治療師として知られるパイアン（Paeon）に由来し、古くから薬効があることが知られていた花。「立てば芍薬、座れば牡丹…」と並べられるシャクヤクは、中国からやってきた "Pivoine de Chine [ピヴォワンヌ・ドゥ・シヌ]（中国のボタン）"。以前は "赤面する" ことを赤いボタンを指し、「rougir comme une pivoine [ルジール・コム・ユンヌ・ピヴォワンヌ]」という表現でも使われていた。

Pois de senteur

[ボワ・ドゥ・サントゥール]（*m.*）

スイートピー

学名　Lathyrus odoratus
Fabaceae　マメ科
Lathyrus　レンリソウ属
Plante annuelle　一年草
Floraison　5〜10月

Fausse modestie[フォース・モデスティ]（*f.*）　うわべだけの謙虚
Délicatesse[デリカテス]（*f.*）　優雅さ

Vous êtes l'élégance même.
[ヴゼット・レレガンス・メム]
あなたは優雅そのものです。

Je ne vous crois pas.
[ジュ・ヌ・ヴ・クロワ・パ]
私はあなたを信じません。

香りがよいことから"芳香（senteur）のあるマメ（pois）"の名前がついたスイートピーは、学名も同じ意味から。他にも"Pois fleur [ボワ・フルール]（*m.*）（マメの花）"、"Gesse odorante [ジェス・オドラント]（*f.*）（香りのあるレンリソウ）"とも呼ばれる。浮き足立っているようなひらひらとした花びらのせいか、花言葉は"嫌疑"とも。

Reine-marguerite

[レーヌ・マルグリト]（*f.*）

エゾギク

学名　Callistephus chinensis
Asteraceae　キク科
Callistephus　エゾギク属
Plante annuelle　一年草
Floraison　7～9月

Confiance[コンフィアンス]（*f.*）　信頼
Estime[エスティム]（*f.*）　尊敬

【 *Reine-marguerite bleue*（青）】

Je crois en vous.
[ジュ・クロワ・アン・ヴ]
私はあなたを信じます。

【 *Reine-marguerite rose*（ピンク）, *violette*（紫）】

Vous êtes le(la) plus aimé(e).
[ヴゼット・ル(ラ)・プリュ・エメ]
あなたが一番愛されています。

その花の形からギリシャ語で"星"に由来するアスター（aster [アステール]（*m.*））。かつてこの分類上にあった、フランスで人気のカラフルな色合いのエゾギクは、またの名を"中国のアスター（Aster de Chine [アステール・ドゥ・シヌ]）"とも呼ぶ。対してキク科キク属のイエギク（Chrysanthème [クリザンテーム]（*m.*））は、キリスト教の祝日、11月1日の万聖節（Toussaint [トゥサン]（*f.*））に欠かせないキク。この時期に咲くこの花を持って墓参りをするのがフランスの習慣。

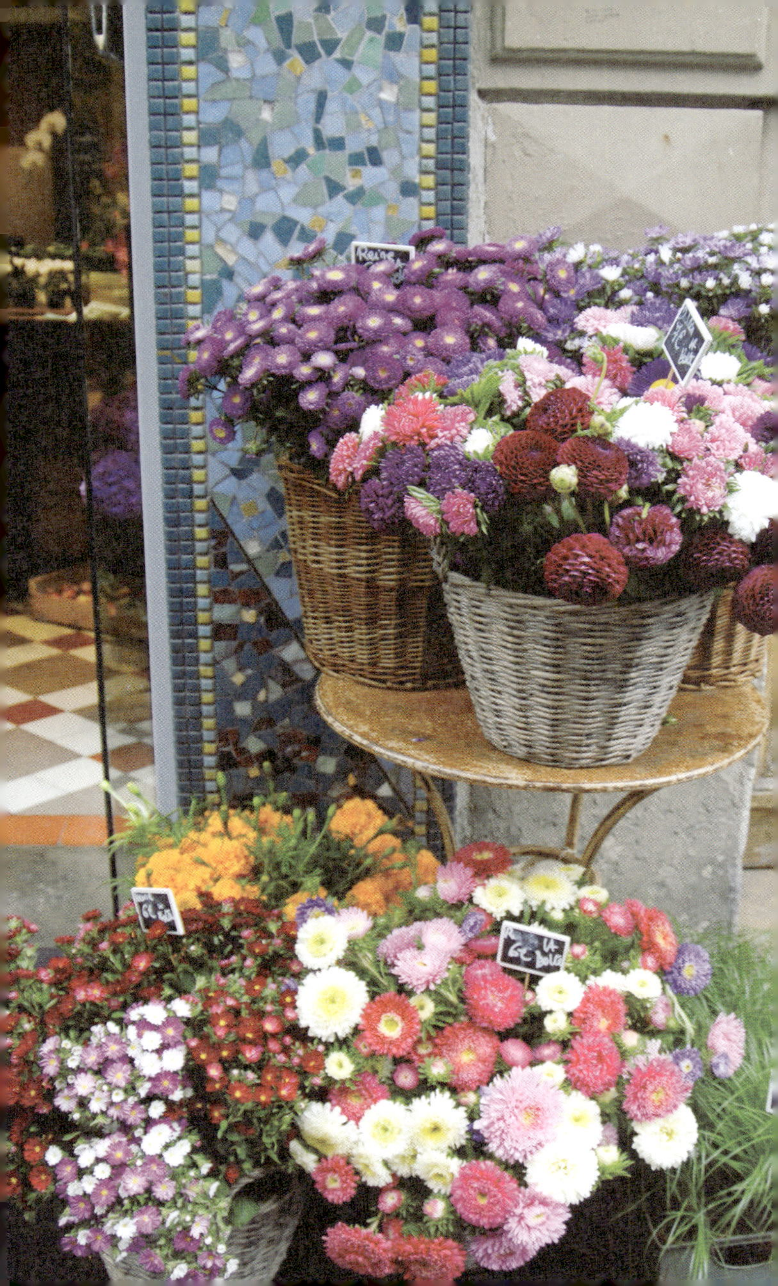

Rose

[ローズ]（*f.*）

バラ

学名　Rosa
Rosaceae　バラ科
Rosa　バラ属
Arbuste　低木
Floraison　5～10月

【 *Rose rouge*（赤）】

Amour passionné［アムール・パスィヨネ］（*m.*）　情熱的な愛

Je vous aime passionnément.
［ジュ・ヴゼム・パスィヨネマン］
あなたを熱烈に愛しています。

【 *Rose rose*（ピンク）】

Amour vrai［アムール・ヴレ］（*m.*）　真実の愛

Je vous aime.
［ジュ・ヴゼム］
あなたを愛しています。

【 *Rose blanche*（白）】

Amour pur［アムール・ピュル］（*m.*）　純粋な愛

Je suis digne de vous.
［ジュ・スュイ・ディーニュ・ドゥ・ヴ］
私はあなたにふさわしいです。

【 *Rose jaune*（黄）】

Infidélité［アンフィデリテ］（*f.*）　不誠実

Pardonnez-moi mes infidélités.
［パルドネ・モワ・メ・アンフィデリテ］
私の不実をお許しください。

ラテン語の"rosa"から派生し、世界中に3000種類以上あると言われる花の女王。愛の女神アフロディーテの花とされ、愛と美の象徴でも。贈る本数によって意味が変わり、1本はシンプルな愛の告白、12本は感謝、36本は婚約などの正式な申し込み、101本の真っ赤なバラの花束は狂おしい愛の告白だとか！ バラの木はrosier [ロズィエ] (m.)で、バラ園はroseraie [ロズレ] (f.)。パリのバガテル公園の1200種類も所有するバラ園では、毎年6月にバラの国際コンクールが開催される。

【12°】 16 Parc de Bercy（ベルシー公園）
【16°】 21 Parc de Bagatelle（バガテル公園）

Rose de Noël

［ローズ・ドゥ・ノエル］（*f.*）

クリスマスローズ

学名　Helleborus niger
Ranunculaceae　キンポウゲ科
Helleborus　ヘレボルス属
Plante vivace　多年草
Floraison　12 〜 4月

Réconfort［レコンフォール］（*m.*）　励まし

Délivrez-moi de mon angoisse.
［デリヴレ・モワ・ドゥ・モナンゴワス］
私を不安から解放してください。

クリスマスのバラと呼ばれるけれどバラの種類ではなく、クリスマスの時期にバラのような花をつけることから。ヘレボルス属の中でもフランスでは"hellébore noir［エレボール・ノワール］"と呼ばれる種類で、根が黒いことに由来するらしい。イエス生誕の際に誕生を祝うために駆けつけた羊飼いの娘が、贈る花がないことを嘆いたため天使が咲かせたという花でも。

Rudbeckia

[リュベキア]（*f.*）

ルドベキア

学名　Rudbeckia
Asteraceae　キク科
Rudbeckia　オオハンゴンソウ属
Plante annuelle, vivace　一年、多年草
Floraison　6～9月

スウェーデンの植物学者、オロフ・ルドベック（Olof Rudbeck）に名前を由来。一重咲きから八重咲き、黄色、オレンジ色や中央に行くにつれ茶色にグラデーションするものなどさまざまな種類がある。反り返るほど花びらを広げ、群集して咲いている様子は、あっけらかんとした夏の太陽そのもの。

Scabieuse
[スカビゥーズ] (*f.*)

マツムシソウ

学名　Scabiosa
Dipsacaceae　マツムシソウ科
Scabiosa　マツムシソウ属
Plante vivace　多年草
Floraison　7 〜 10月

Deuil [ドゥイユ] (*m.*)　悲嘆

Je vous abandonne.
[ジュ・ヴザバンドヌ]
あなたをあきらめます。

Mon âme est en deuil.
[モン・ナーム・エ・アン・ドゥイユ]
私の心は悲しみに沈んでいます。

ラテン語の"scabies（疥癬）"に由来する名前は、古くから皮膚病の薬として使われていたため。野原などで普通に見かける花で、中心の花びらと周りの花びらが異なり、針山のようなかわいらしい形。花びらが散った後の特徴的な丸い果実が、巡礼者の持っていたマツムシという鐘に似ていることから日本語名はマツムシソウだとか。儚そうな淡い紫色から、花言葉はかなしげなもの。

Tournesol
[トゥルヌソル] (*m.*)

ヒマワリ

学名　Helianthus annuus
Asteraceae　キク科
Helianthus　ヒマワリ属
Plante annuelle　一年草
Floraison　7 〜 10月

Orgueil [オルグイユ] (*m.*)　自尊心

Mes yeux ne voient que vous.
[メズィユー・ヌ・ヴォワ・ク・ヴ]
私の目はあなたしか見えません。

Vous êtes un soleil.
[ヴゼット・アン・ソレイユ]
あなたは太陽です。

フランス語の名前はイタリア語の"girasole"から借用したもので、若いヒマワリの習性から"太陽とともに向きを変える(tourner avec le soleil [トゥルネ・アヴェク・ル・ソレィユ])"という意味。種子(graine de tournesol [グレンヌ・ドゥ・トゥルヌソル] (*f.*))からヒマワリ油(huile de tournesol [ユィル・ドゥ・トゥルヌソル] (*f.*))を作るため、フランスの各地で太陽に向かって元気いっぱいに花を開く、ヒマワリ畑を見ることができる。

Tulipe
[テュリップ] (*f.*)

チューリップ

学名 Tulipa
Liliaceae ユリ科
Tulipa チューリップ属
Plante vivace bulbeuse 球根性多年草
Floraison 2～5月

Déclaration d'amour [デクララスィヨン・ダムール] (*f.*) 愛の告白

Je vous promets un amour sincère.
[ジュ・ヴ・プロメ・アン・ナムール・サンセール]
あなたに誠実な愛を誓います。

【 *Tulipe rouge*(赤) 】

Je vous aime comme un fou.
[ジュ・ヴゼム・コム・アン・フ]
気違いのようにあなたを愛しています。

【 *Tulipe jaune*(黄) 】

Amour impossible [アムール・アンポスィーブル] (*m.*) 不可能な愛

Je désespère d'être aimé(e) de vous.
[ジュ・デゼスペール・デトル・エメ・ドゥ・ヴ]
あなたから愛される望みを失いました。

トルコで栽培されていたチューリップは、トルコ人が頭に巻いたターバンに似ていることから、トルコ語の"tülbend（ターバン）"に名前を由来するとか。鮮やかな色合いとかわいらしい花の形はヨーロッパでも大人気で、特にオランダではチューリップ相場なるものができ、新種のチューリップの球根が高値で取引された時代もあった。その様子は小説家アレクサンドル・デュマの小説"黒いチューリップ（*La tulipe noire* [ラ・チューリップ・ノワール]）"の題材に。

Zinnia
[ズィニア] (*m.*)

ヒャクニチソウ

学名　Zinnia elegans
Asteraceae　キク科
Zinnia　ヒャクニチソウ属
Plante annuelle　一年草
Floraison　7〜9月

Inconstance [アンコンスタンス] (*f.*)　移り気
Amitié [アミティエ] (*f.*)　友情

Vous ne m'aimez plus.
[ヴ・ヌ・メメ・プリュ]
もう私のことを愛していないのですね。

Je pense aux amis absents.
[ジュ・パンス・オーザミ・アプサン]
不在の友人たちを思っています。

名前はドイツの植物学者、ヨハン・ゴッドフリート・ツィン（Johann Gottfried Zinn）の名前から。日本では長期間花を楽しめることから"百日草"名で親しまれている。一重から八重、半球状のポンポン咲きまで花の形状も多種多彩。花言葉は"移り気"と"友情"という異なる解釈が。

フランスのクリスマス飾り

フランスの一年でもっとも賑やかな季節は、なんといってもクリスマス（Noël [ノエル]（*m.*)）です。どの家庭もこの時期ならではの飾り付けをするため、お花屋さんも大忙し。フランスのクリスマス飾りに欠かせないものといったらコレ！

Sapin de Noël [サパン・ドゥ・ノエル]（*m.*) クリスマスツリー

クリスマスツリーとして多く出回っている木は"オウシュウトウヒ（épicéa [エピセア]）"または"コーカサスモミ（sapin de Normann [サパン・ドゥ・ノルマン]）"。11世紀から神秘劇の舞台に飾られていた赤いりんごをぶら下げた楽園の木が、16世紀に家の中に飾られ始めたのが始まりだとか。19世紀半ばまで、りんごが飾られていたけれどそれが赤いガラスのボールになり、星や天使、電灯などさまざまな飾りがつけられるように。現在ではクリスマスの前日にツリーの足元にプレゼントを並べるのがお決まり。フランスでも多くの家がツリーを飾るため、パリではクリスマス後に木を回収して木くずに加工し、リサイクルしている。パリで巨大なクリスマスツリーが飾られるのは、ノートルダム寺院前。

Houx [ウ] (*m.*)
セイヨウヒイラギ

日本でもクリスマス飾りとしておなじみのセイヨウヒイラギ。キリスト教では常に緑色である葉っぱは不死身の木とし、その棘はキリストのイバラの冠を、赤い実はキリストの血の象徴とする。ヘロデ王が救世主の誕生を恐れて2歳以下の幼児を殺させた時、エジプトに逃げたイエスたちを追っ手から助けたのもこの棘のある葉。古くから雷や魔力から家を守るとし、庭に植えられていたもので、クリスマスに家の中に入れると、次の年は実りのあるものになるのだとか。

Couronne de l'Avent
[クロンヌ・ドゥ・ラヴァン] (*f.*)
待降節のリース

クリスマスの4つ前の日曜日から始まる待降節（Avent [アヴァン] (*m.*)）では、最初の日曜日にクリスマスの飾りつけをするのが慣わし。待降節のリースはモミや松、セイヨウヒイラギの枝、松かさなどで構成され、ろうそくを4本立ててテーブルの上に飾られる。その丸い形は太陽を表し、4回ある各日曜日にろうそくの1つずつに火が灯される。また、4つの日曜日は四季と4方位を表すとも。玄関の扉にリースを飾るのはアングロ・サクソン圏からの風習。"我が家にようこそ"と招待客を迎える意味があるとのこと。

Arbre à soie

[アルブル・ア・ソワ]（*m.*）

ネムノキ

学名　Albizia julibrissin
Mimosaceae　ネムノキ科
Albizia　ネムノキ属
Arbre　高木
Floraison　6～9月

学名の"julibrissin"はペルシャ語で"絹の花"という意味。その歪曲でフランス語の名前も"絹の木"と言う。日本では夜になると葉が閉じることから、ネムノキと呼ばれている。先端が赤く、白い糸のように長く伸びているのは雄しべで、ふわふわとした絹のようにも見える。

【 4e 】❹ Square Jean XXIII（ジャン23世公園）Plan C2

Arbre de judée

[アルブル・ドゥ・ジュデ]（*m.*）

セイヨウハナズオウ

学名　Cercis siliquastrum
Caesalpiniaceae　ジャケツイバラ科
Cercis　ハナズオウ属
Arbust　低木
Floraison　4〜5月

原産地方ユダヤ（judée）に名前を由来し、学名"cercis"はギリシャ語で"小船"という意味で、果実のさや状の形から名づけられた。キリスト教ではイエスを裏切ったユダが首を吊った木とされ、そのしずく形ともいえる花はイエスの涙だとか。そんな伝説とはうらはらに、満開になった赤紫のかわいらしい花は、パリの片隅を鮮やかな春色に染める。

【5e】❻ Jardin des Plantes（植物園）Plan C2
　1785年に植えられたセイヨウハナズオウがある。
【8e】⓭ Parc Monceau（モンソー公園）Plan B1

Catalpa

［カタルバ］(*m.*)

キササゲ

学名　Catalpa bignonioides
Bignoniaceae　ノウゼンカズラ科
Catalpa　キササゲ属
Arbre　高木
Floraison　6〜7月

原産地、北米の先住民チェロキー族の言葉で"豆"を意味する名前で、種の入った細長いさや状の果実をつけることから。日本でもササゲ(豆)に似ている果実をつけるということで、キササゲと呼ばれる。大きな葉っぱとキリに似た円錐状に集った花を広げた様子は華やか。

【 6ᵉ 】 ❿ Square Gabriel-Pierné（ガブリエル・ピエルネ公園） Plan B2
　約60歳の大きなキササゲ。

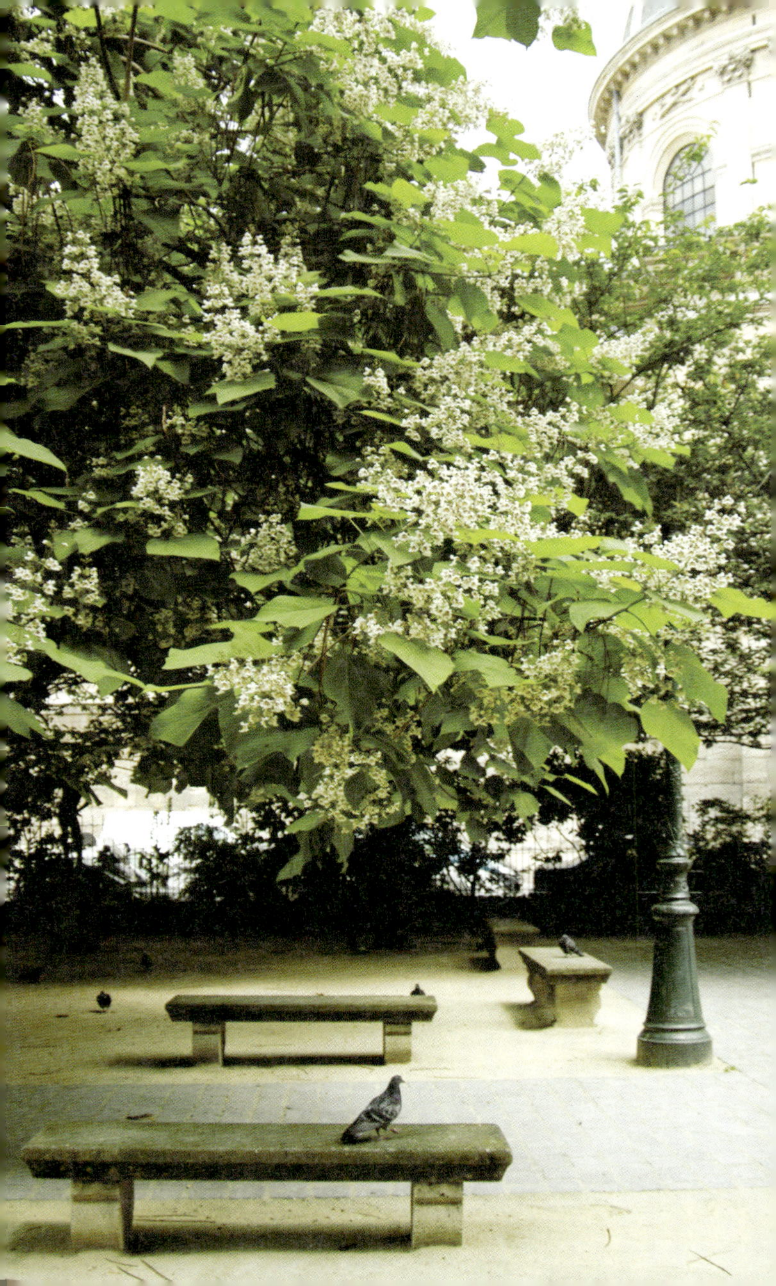

Cerisier à fleur

[スリズィエ・ア・フルール] (*m.*)

サクラ

学名　Prunus serrulata
Rosaceae　バラ科
Prunus　サクラ属
Arbre　高木
Floraison　4～5月

"Cerisier" はサクランボの木という意味もあるため、花だけを咲かせるサクラは "Cerisier à fleur (花のサクラの木)" と区別して呼ばれることが多い。または "Cerisier du Japon [スリズィエ・デュ・ジャポン] (日本のサクラ)" で、パリでもっとも多く見かける日本のサクラは Prunus Serrulata 種。八重咲きのピンク色の花を垂れ下げた満開の様子は、日本で見るサクラとはどこか一味異なる華やかな趣。

- 【4e】❹ Square Jean XXIII (ジャン23世公園) Plan C2
- ❺ Square Marie-Trintignant (マリー・トランティニャン公園) Plan C2
- 【5e】❻ Jardin des Plantes (植物園) Plan C2
- 【6e】❿ Square Gabriel-Pierné (ガブリエル・ピエルネ公園) Plan B2

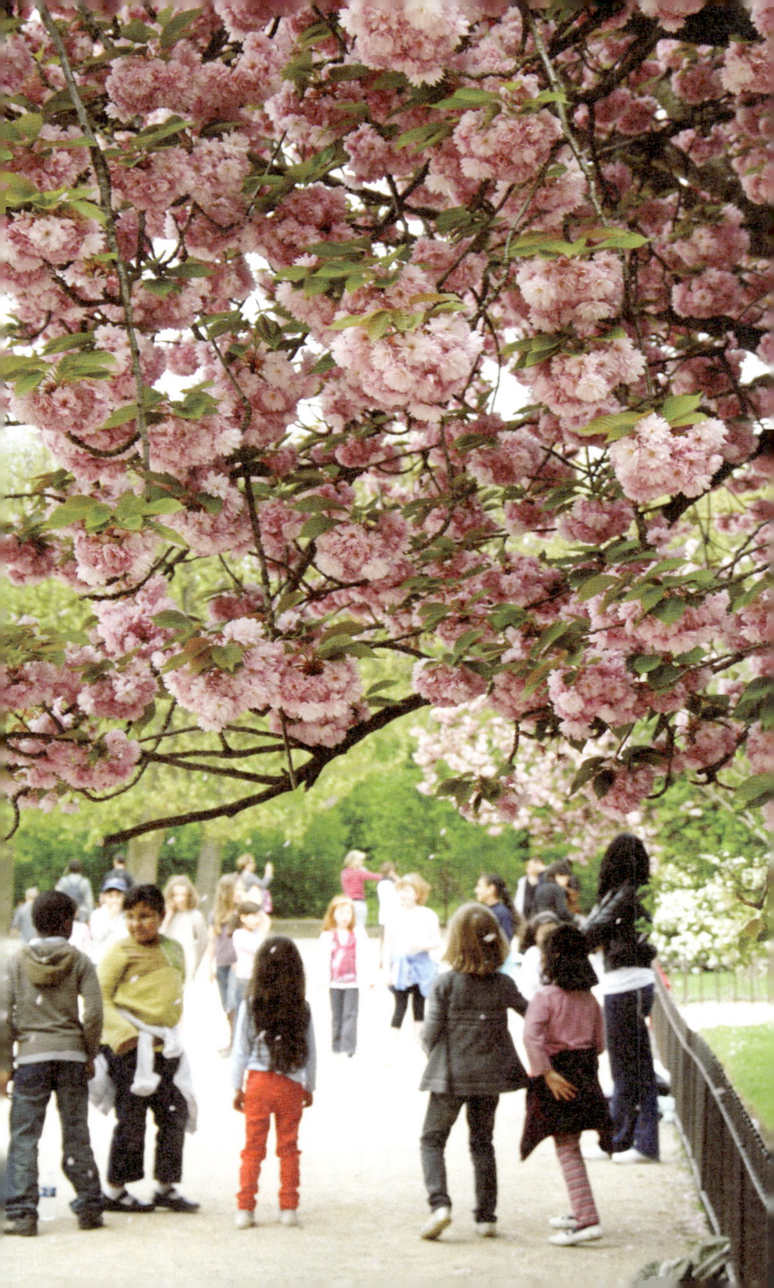

Corète du Japon

[コレート・デュ・ジャポン]（*f.*）

ヤマブキ

学名　Kerria japonica
Rosaceae　バラ科
Kerria　ヤマブキ属
Arbrisseau　小低木
Floraison　4〜5月

"日本の"と名前についているけれど原産地は中国。学名"kerria"はスコットランドの植物学者、ウィリアム・カー（William Kerr）の名前に由来する。一重のものもあるけれど、八重咲きのものがやはり人気。細い茎にボンボン状の小さな黄色い花をたくさんつけた様子はなんとも愛らしく、フランスでも庭を彩る花木として親しまれている。

Cytise

[シティズ]（*f.*）

キングサリ

学名　Laburnum anagyroides
Fabaceae　マメ科
Laburnum　キングサリ属
Arbuste　低木
Floraison　5〜6月

ギリシャのキトノス島でよく見られたクローバーの一種、"kytisos" が由来でさまざまなマメ科の植物の名前となった "Cytise"。固い性質の樹木から "faux-ébénier [フォー・エベニエ]（*m.*）（ニセ黒檀）" とも呼ばれる。藤のような房状の小さな黄色い花を連ねた姿は、まさに金の鎖のようでも。

樹木

Faux acacia

［フォー・アカシア］（*m.*）

ニセアカシア

学名　Robinia pseudoacacia
Fabaceae　マメ科
Robinia　ハリエンジュ属
Arbre　高木
Floraison　5〜6月

フランスにニセアカシアをもたらした、フランス人の植物学者ジャン・ロビン（Jean Robin）の名前から学名がつけられ、Robinier［ロビニエ］（*m.*）とも呼ばれる。パリでもっとも高齢の木は、1601年に彼がルネ・ヴィヴィアニ公園に植えたもの。ニセアカシアのはちみつ（miel d'acacia［ミエル・ダカシア］（*m.*））は、フランスでも人気のはちみつのひとつ。並木は特にモンマルトルの丘で見られ、開花時期には白い房状の花が石畳を彩り、心地よい香りを振りまく。

【 5ᵉ 】❻ Jardin des Plantes（植物園）Plan C2　1636年に植えられたニセアカシア。
　　　❽ Square René-Viviani（ルネ・ヴィヴィアニ公園）Plan C2
【 18ᵉ 】㉔ Rue Foyatier（フォワイアティエ通り）Plan B1

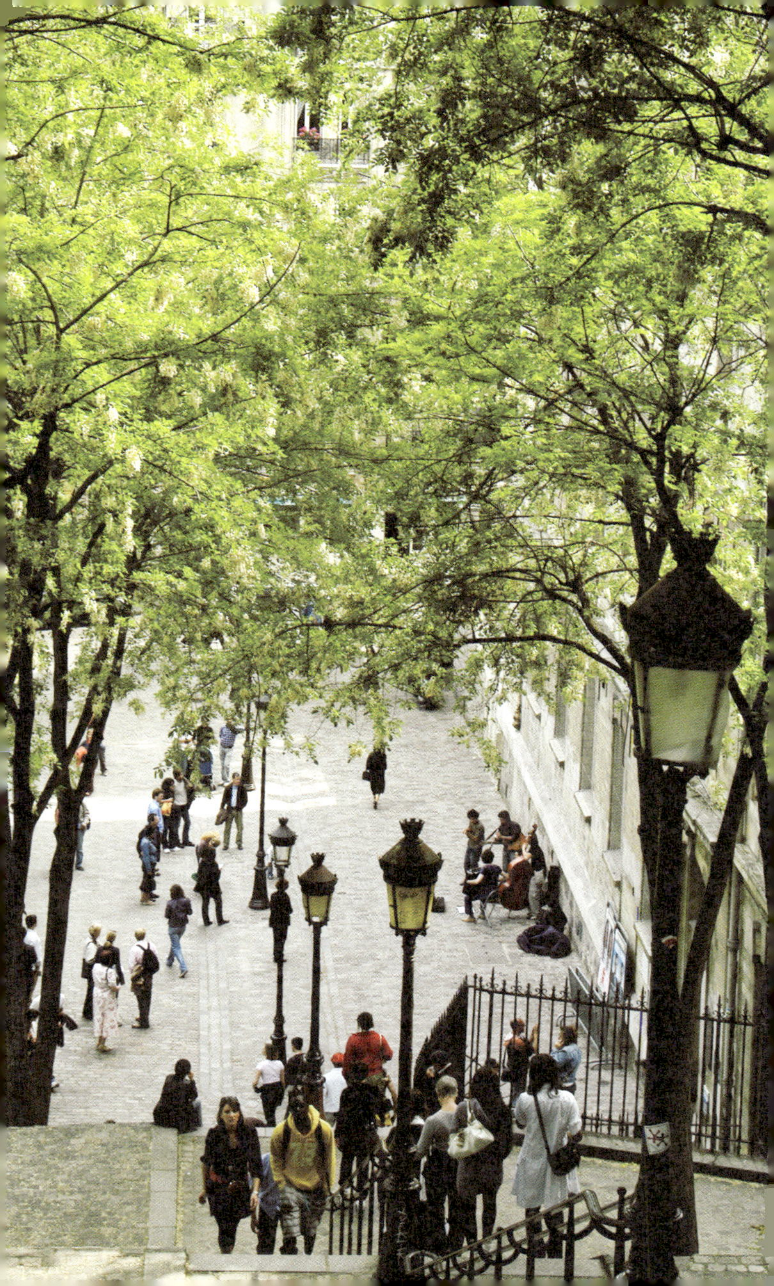

Forsythia

［フォルスィティア］(*m.*)

レンギョウ

学名　Forsythia
Oleaceae　モクセイ科
Forsythia　レンギョウ属
Arbrisseau　小低木
Floraison　3〜5月

春の始まりにいち早く、いっせいに輝くばかりの黄色い花を咲かせるレンギョウ。学名はイギリスの植物学者、ウィリアム・フォーサイス（William Forsyth）の名前より。またの名を"Mimosa de Paris［ミモザ・ドゥ・パリ］(*m.*)（パリのミモザ）"というほど、パリの家の庭、公園、垣根などいたるところで見られる、もっともポピュラーな低木のひとつ。

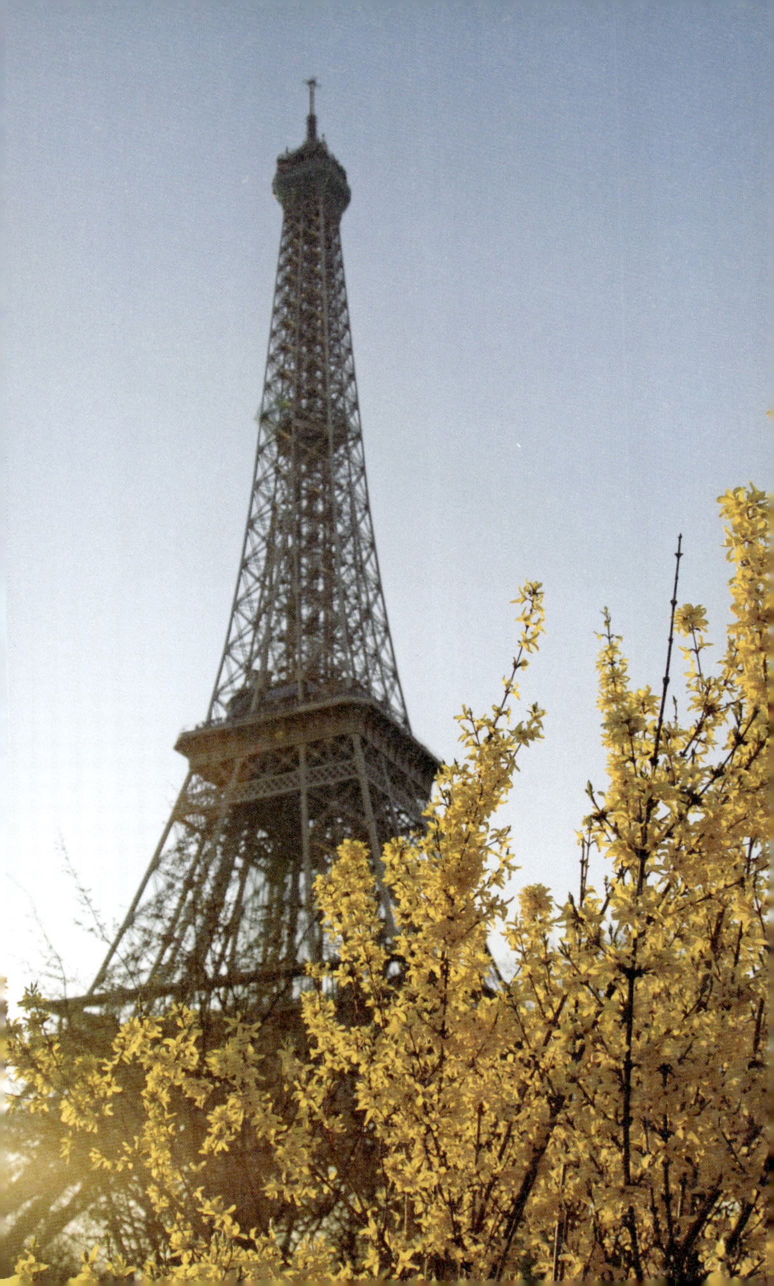

樹木

Ginkgo

[ジンコ] (*m.*)

イチョウ

学名　Ginkgo biloba
Ginkgoaceae　イチョウ科
Ginkgo　イチョウ属
Arbre　高木
Floraison　4〜5月

日本ではイチョウ並木でよく知られるけれど、パリの通りでもたまに見かける木。学名の"ginkgo"は、日本語の銀杏を"ginkjo"と書くべきところ間違って書かれたため、今でもこの名で呼ばれている。フランス語では"Arbre aux quarante écus [アルブル・オー・カラント・エキュ]"とも呼び、1788年、イチョウがフランスに初めて持ち込まれた際、一本につき40エキュ(昔の金貨)で購入されたからだとか。

【13e】⓳ Avenue de France (フランス大通り) Plan C3
　フランス国立図書館脇の通りには200本のイチョウ並木が見られる。
【16e】⓳ Jardin des serres d'Auteuil (オトゥイユ温室庭園) Plan A2
　1895年に植えられた大きなイチョウの木がある。
【18e】㉕ Square Louise-Michel (ルイーズ・ミシェル公園) Plan B1

Glycine

[グリスィヌ]（*f.*）

フジ

学名　Wisteria
Fabaceae　マメ科
Wisteria　フジ属
Plante ligneuse et grimpante　つる性木本植物
Floraison　5〜6月

家の塀などでよく見られ、房が連なる軽やかな花はパリの建物の石の壁にもしっくり合う。1度咲きの花序が長い日本産ノダフジ（glycine du Japon [グリスィヌ・デュ・ジャポン]）と、2度咲きの中国産シナフジ（glycine de Chine [グリスィヌ・ドゥ・シーヌ]）の2種類が多く見られる。

【 18e 】 ㉓ Parc de la Turlure（トュルリュル公園） (Plan B1)

Gui

[ギ]（*m.*）

ヤドリギ

学名　Viscum album
Santalaceae　ビャクダン科
Viscum　ヤドリギ属
Sous-arbrisseau hémiparasite　半寄生の小低木
Floraison　3～4月

他の樹木に着生する半寄生植物。寄生する宿主の木が葉を落としても黄色がかった緑の葉を携えるため、古くから長寿や繁栄のシンボルとされてきた。フランスでは大晦日の少し前に、玄関やシャンデリアにヤドリギを飾るのが慣わし。そして新年を迎えるとともにヤドリギの下でキスを交わし、「au gui l'an neuf!」[オ・ギ・ラン・ヌフ]（新年おめでとう！）」と言うと幸せな一年を過ごせるとか。冬至にヤドリギを切る際に"O Ghel an Heu（麦が育つように）"と言ったケルト語が元で、翌年の豊作祈願の言葉だった。

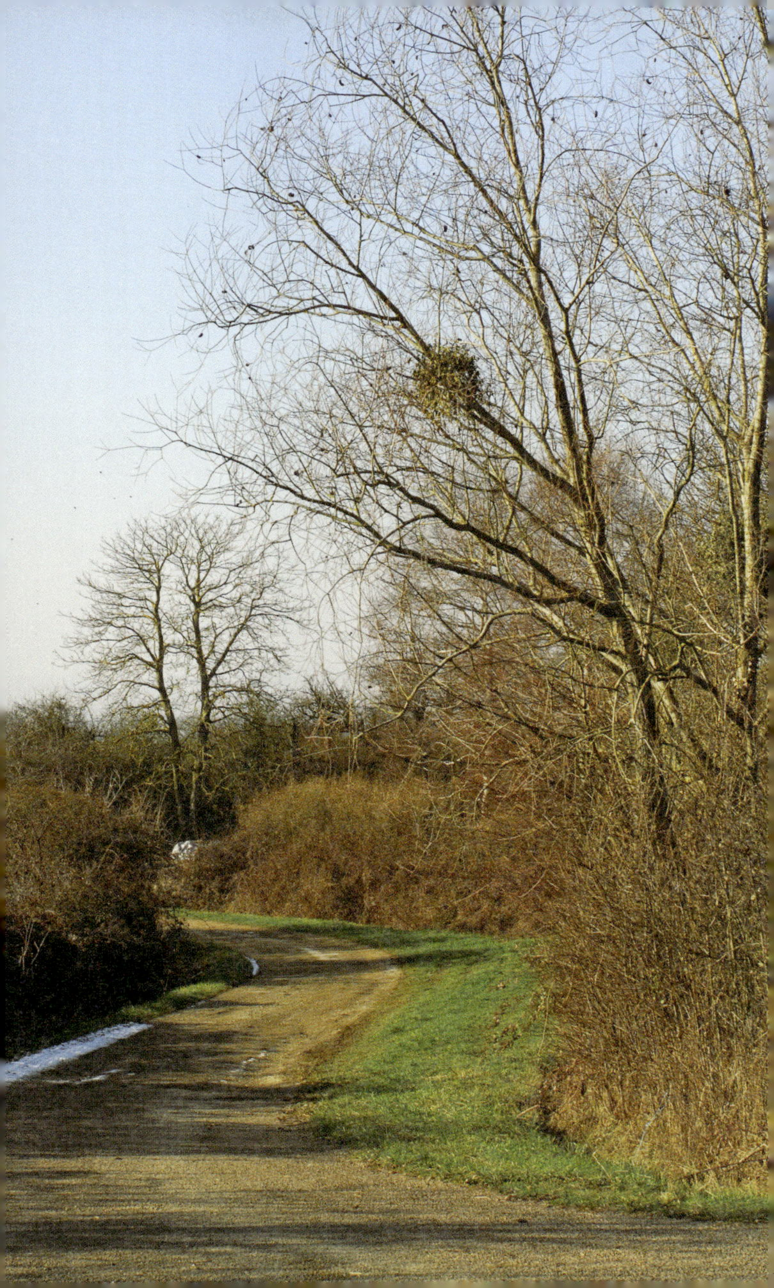

樹木の各名称

花木は arbre à fleur [アルブル・ア・フルール]、花が咲いた木は arbre en fleur [アルブル・アン・フルール]。並木は arbre d'alignement [アルブル・ダリニュマン]、森は bois [ボワ] (*m.*) で幹を切った薪のことも指し、さらに大きい森のことは forêt [フォレ] (*f.*) と呼びます。木の各部分の一般的な名称を見てみましょう。

【 arbre 】
[アルブル] (*m.*) 木

feuille [フイユ] (*f.*)
葉

fleur [フルール] (*f.*)
花

fruit [フリュイ] (*m.*)
果実

feuille morte [フイユ・モルト] (*f.*)
枯れ葉

samare [サマール] (*f.*)
翼果

gousse [グース] (*f.*)
さや

cône [コーヌ] (*m.*)
松ぼっくり

chute de feuille [シュット・ドゥ・フイユ] (*f.*)
落ち葉

graine [グレンヌ] (*f.*)
種

branche [ブランシュ] (*f.*)
枝

écorce [エコルス] (*f.*)
樹皮

rameau [ラモー] (*m.*)
小枝

tronc [トロン] (*m.*)
幹

racine [ラスィーヌ] (*f.*)
根

樹木

If
[イフ] (*m.*)

ヨーロッパイチイ

学名　Taxus baccata
Taxaceae　イチイ科
Taxus　イチイ属
Arbuste　低木
Floraison　3〜4月

ギリシャ語の"hyfe(生地)"という言葉に由来する名前は、木材の繊維を用いて衣類を製造したことから。そのラテン語"taxus"から、種や樹液に毒があるため"toxique [トクスィク] (*m.*) (毒)"と"textile [テクスティル] (*m.*) (繊維)"の言葉が生まれた。その寿命の長さと家畜を寄せ付けない毒性のために、墓地に植えられるのが伝統だったとか。柔軟性のある固い木材は弓や矢を作るのに使われていた。秋に実る小さな赤い実は食べることが可能。

Magnolia

[マニョリア] (*m.*)

モクレン

学名　Magnolia
Magnoliaceae　モクレン科
Magnolia　モクレン属
Arbre, arbuste　高木、低木
Floraison　4～6月

樹木

学名 "magnolia" はフランスのモンペリエの植物学者、ピエール・マニョル（Pierre Magnol）の名前から。パリの公園から家の庭までさまざまな場所で見ることができる。大きな花が散り、地面が花びらで覆われた様子は圧巻。同じモクレン科のコブシもパリで見かける木で、名前も日本語から "Kobus [コビュス] (*m.*)" または "Magnolia de kobé [マニョリア・ドゥ・コベ]" と呼ばれている。

【 1er 】 ❷ Jardin des Tuileries（テュイルリー公園）`Plan B2`
【 16e 】 ⓲ Jardin des serres d'Auteuil（オートゥイユ温室庭園）`Plan A2`
　1895年に植えられたモクレン科タイサンボクの木。

樹木

Marronnier

[マロニエ]（*m.*）

マロニエ、セイヨウトチノキ

学名　Aesculus hippocastanum
Hippocastanaceae　トチノキ科
Aesculus　トチノキ属
Arbre　高木
Floraison　4〜6月

パリを代表する樹木のひとつがフランスにやってきたのは1612年のこと。その名前は、果実の形からイタリア、リグリア語の"mar（小石）"に由来。学名の"hippocastanum"はギリシャ語で"hippos（馬）"と"kastanon（栗）"という意味で、栗を馬のエサとして与えていたため。ただし"Marronnier d'Inde [マロニエ・ダンド]"とも呼ばれるトチノキの、栗によく似た実（marron d'Inde [マロン・ダンド]（*m.*））は食べられない。春に掌状の青々とした葉を広げ、白や赤の円錐状の花をつけ、秋に果実とともに茶色になった葉を落とす様子は、パリの季節を彩る大切な要素。

【 1er 】 ❷ Jardin des Tuileries（チュイルリー公園）Plan B2
【 3e 】 ❸ Square du Temple（タンプル公園）Plan C2
　"フランスのマロニエの父"と呼ばれるトチノキが1615年に植えられた場所。
【 6e 】 ❾ Jardin du Luxembourg（リュクサンブール公園）Plan B2
【 10e 】 ⓮ Canal Saint-Martin（サン・マルタン運河）Plan C2

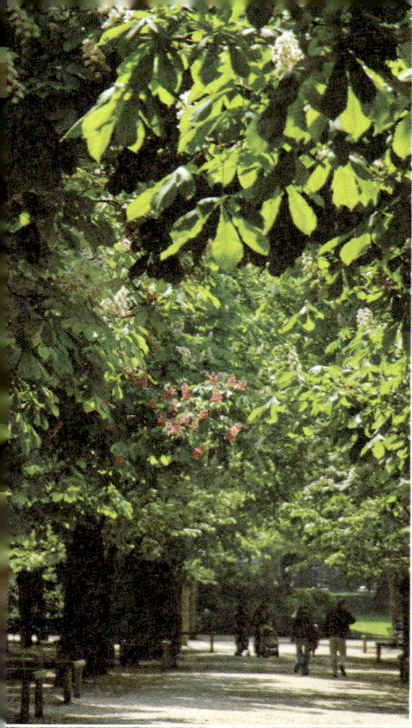
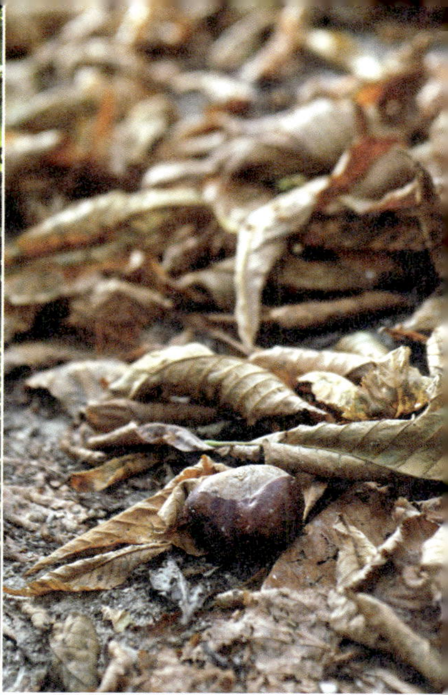
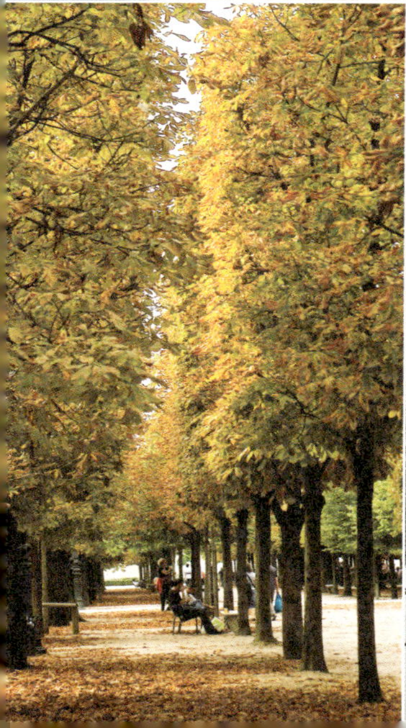
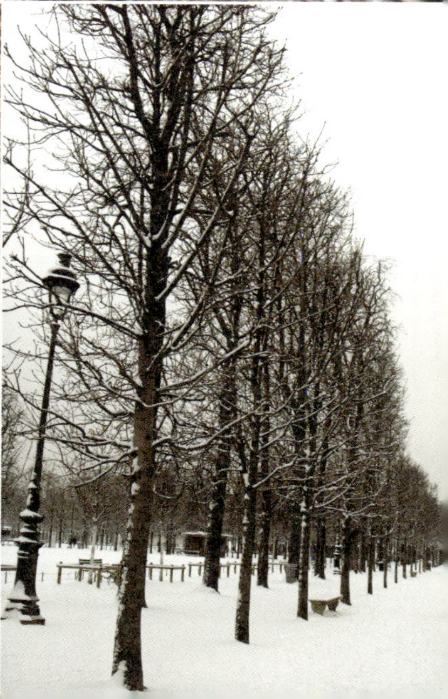

樹木

Orme

［オルム］（*m.*）

ニレ

学名　Ulmus
Ulmaceae　ニレ科
Ulmus　ニレ属
Arbre　高木
Floraison　3〜4月

風で種が遠くまで飛ばされるように平らな形状の翼果がなるのが特徴的。その昔、翼果が死んだ人々の魂を裁判長の前に連れてくるとし、南仏ではニレの木の下で裁判が行われたとか。以前は、パリには3万本近いニレの木があり、もっとも多い樹木のひとつだったけれど、1980年代の伝染病によってほとんどが切り倒されてしまい、現在あるのは1000本ほど。

【 1er 】 ❷ Jardin des Tuileries（チュイルリー公園）Plan B2
　オランジュリー美術館前に古いニレの木がある。
【 4e 】 ❹ Square Jean XXIII（ジャン23世公園）Plan C2
【 17e 】 ㉒ Boulevard des Batignolles（バティニョール大通り）Plan B1

Paulownia

[パロヴニア] (*m.*)

キリ

学名　Paulownia tomentosa
Scrophulariaceae　ゴマノハグサ科
Paulownia　キリ属
Arbre　高木
Floraison　4〜5月

桐のタンスなどでおなじみのキリの木の学名は、ロシア皇帝パーヴェル1世の娘、アンナ・パヴロヴナ (Anna Paulowna) の名前から。都市の汚染された大気の中でも育つと、パリでは地下鉄の入り口がある小さな広場などでよく見かける木。春には円錐形に集った筒状の紫の花で街を華やかに彩ってくれる。

【 6e 】 ❾ Jardin du Luxembourg（リュクサンブール公園）Plan B2
【 7e 】 ⓬ Quai Branly（ブランリー通り）Plan A2
【 16e 】 ⓴ Jardins du Trocadéro（トロカデロ公園）Plan A2

樹木

Platane

[プラタヌ] (*m.*)

プラタナス

学名　Platanus
Platanaceae　スズカケノキ科
Platanus　スズカケノキ属
Arbre　高木
Floraison　5月

ギリシャ語の"platanos（大きい）"から名がついた、カエデの葉に似た形の大きな葉を持つプラタナス。フランスの地方に行くと、周りは何もなにもない所に突然巨大なプラタナスの並木道が現れたりするけれど、これは車の風よけのため。パリでは全体の樹木の中で38％も占めるもっとも多い木で、主要な大通りの並木に使われている。ボンボンのような球状の実が垂れ下がるのが目印。

【 7e 】 ⑪ Parc du Champ-de-Mars（シャン・ドゥ・マルス公園） Plan B2
1814年の最も古いスズカケノキ。
【 8e 】 ⑬ Parc Monceau（モンソー公園） Plan B1　1814年のスズカケノキ。
【 18e 】 ㉕ Square Louise-Michel（ルイーズ・ミッシェル公園） Plan B1
1857年のスズカケノキ。
【 19e 】 ㉖ Parc des Buttes-Chaumont（ビュット・ショーモン公園） Plan C1
1862年のスズカケノキ。

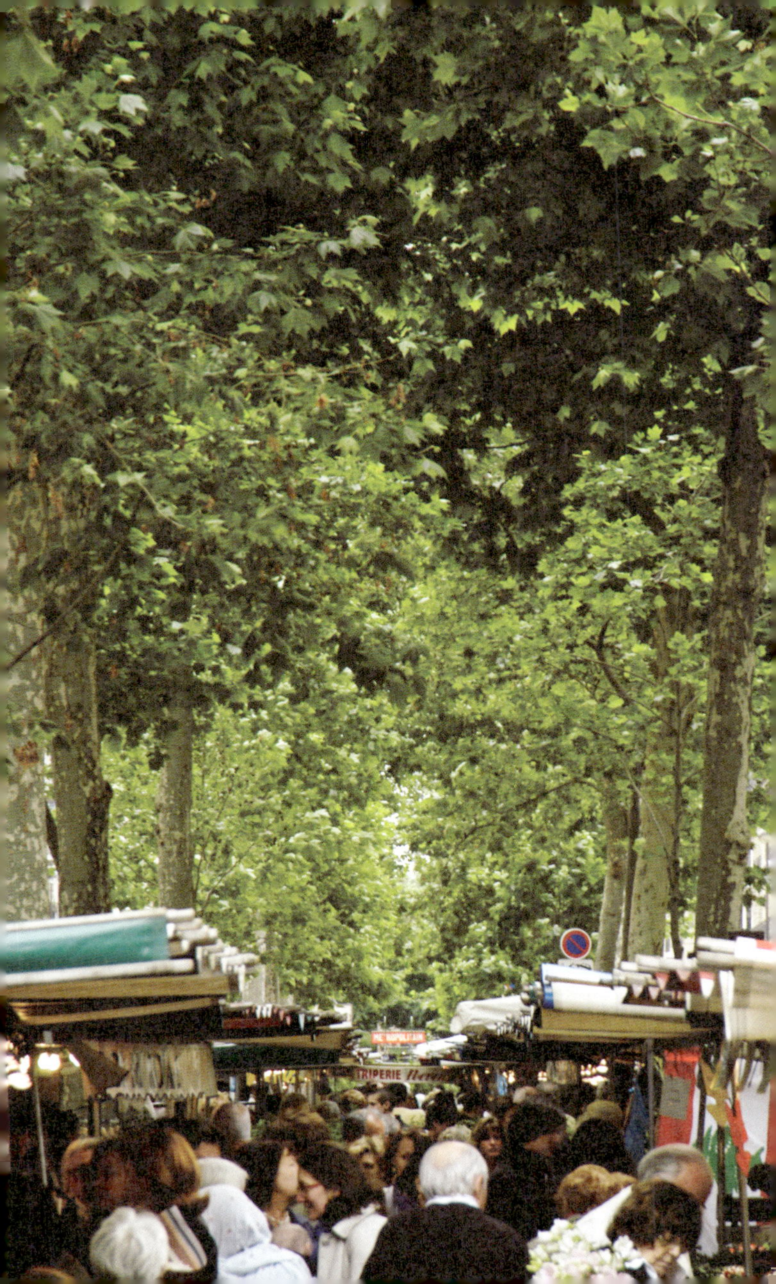
TRIPERIE

Tamaris

[タマリス]（*m.*）

ギョリュウ

学名　Tamarix
Tamaricaceae　ギョリュウ科
Tamarix　ギョリュウ属
Arbuste　低木
Floraison　5〜8月

風や塩分に強いため、防風林として海辺に植えられることが多い低木。枝全体に小さなピンク色の花をつけてしな垂れ、風に揺れる姿は柳のよう。春に花咲く種類と夏に花咲く種類がある。パリではノートルダム寺院裏で大きなギョリュウの木が見られる。

【 4e 】 ❹ Square Jean XXIII（ジャン23世公園） Plan C2

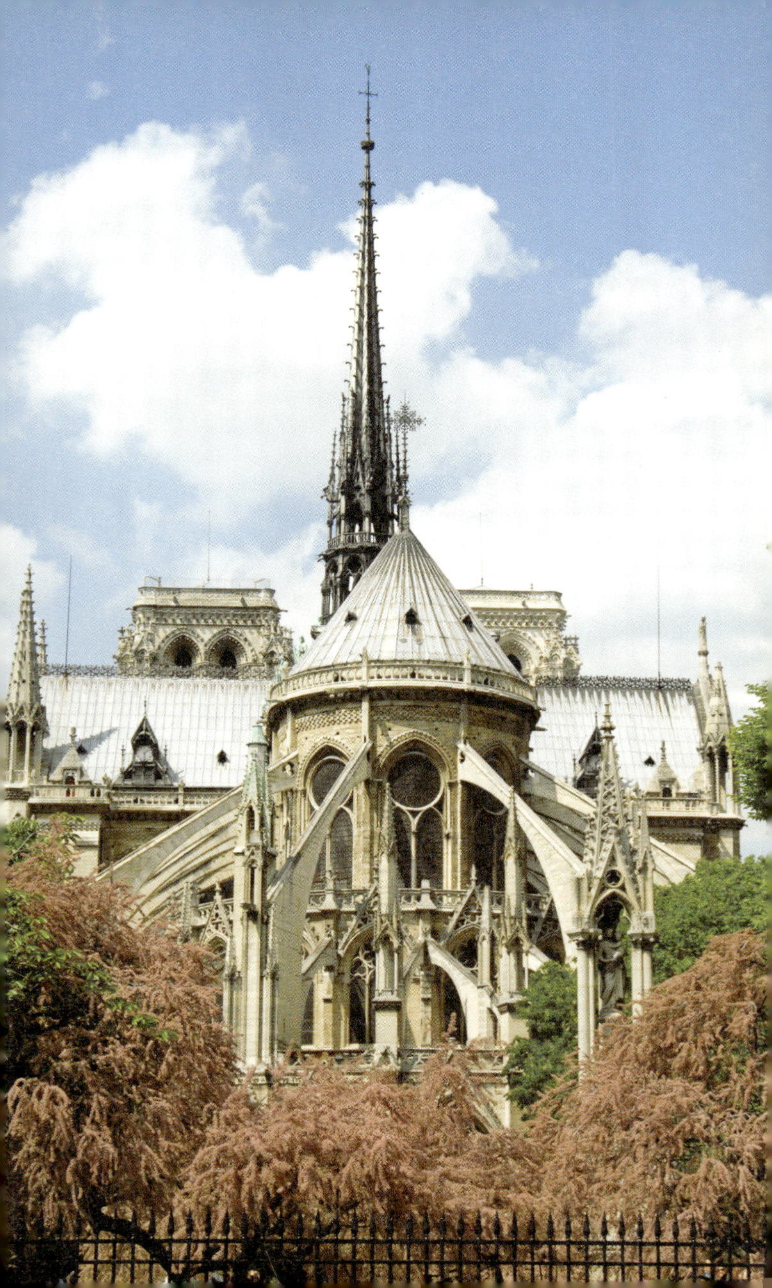

Tilleul

[ティユール]（*m.*）

ボダイジュ（菩提樹）

学名　Tilia
Tiliaceae　シナノキ科
Tilia　シナノキ属
Arbre　高木
Floraison　6〜7月

ラテン語の"tilos（繊維）"に由来する学名で、樹皮から繊維が取れたため。薄い苞葉がついた香りのよい小さな黄色い花は不眠や消化促進に効果があるとし、ティユールのハーブティーでもおなじみ。キリスト教では花の芳香から神聖な木とされ、教会の近くに植えられることが多かった。フランス革命後、自由の象徴としてフランス中に植えられたのもこの木。パリでは3番目に多い木で、葉の裏側が白い種類、"Tilleul argenté [ティユール・アルジャンテ]"などが公園でよく見られる。

【 1er 】❶ Jardin des Halles（レ・アール公園） Plan B2
　　　　❷ Jardin des Tuileries（チュイルリー公園） Plan B2
【 6e 】❾ Jardin du Luxembourg（リュクサンブール公園） Plan B2
【 7e 】⓫ Parc du Champ-de-Mars（シャン・ド・マルス公園） Plan B2

Vigne vierge

[ヴィーニュ・ヴィエルジュ]（*f.*）

ツタ

学名　Parthenocissus
Vitaceae　ブドウ科
Parthenocissus　ツタ属
Plante grimpante　つる性植物
Floraison　6〜7月

樹木

学名の"parthenocissus"とは、"parthenos（処女）"と"cissus（つる）"が合わさった言葉。緑がかった小さな花は大きな葉に隠れて目に付きにくいため、花を咲かせずに実をつける印象があることから"Vigne vierge（処女のツタ）"という名前がついたとか。ブルーの実をつけ、葉を真っ赤に染めてパリの建物や塀の石の壁を覆った光景は、秋の風物詩のひとつ。モンマルトルの丘でよく見られ、モンマルトルのブドウ畑（vigne de Montmartre [ヴィーニュ・ドゥ・モンマルトル]）の色合いとともに、丘を美しく染めてくれる。

果樹の名前

果樹はarbre fruitier [レザルブル・フリュイティエ] (m.)。果実 (fruit [フリュイ] (m.)) のなる (fruitier [フリュイティエ]) 木の名称を覚えるのはとっても簡単。フルーツの名前に "ier" をつけるだけで多くの果樹の名前が言えますよ。

abricot [アブリコ] (m.) アプリコット	→	abricotier [アブリコティエ] (m.)
amande [アマンド] (f.) アーモンド	→	amandier [アマンディエ] (m.)
avocat [アヴォカ] (m.) アボカド	→	avocatier [アヴォカティエ] (m.)
banane [バナヌ] (f.) バナナ	→	bananier [バナニエ] (m.)
cerise [スリーズ] (f.) さくらんぼ	→	cerisier [スリズィエ] (m.)
châtaigne [シャテーニュ] (f.) 栗	→	châtaignier [シャテニエ] (m.)
citron [スィトロン] (m.) レモン	→	citronnier [スィトロニエ] (m.)
figue [フィーグ] (f.) イチジク	→	figuier [フィギエ] (m.)
fraise [フレーズ] (f.) イチゴ	→	fraisier [フレズィエ] (m.)
framboise [フランボワーズ] (f.) ラズベリー	→	framboisier [フランボワズィエ] (m.)
groseille [グロゼイユ] (f.) スグリ	→	groseillier [グロゼイエ] (m.)
mûre [ミュル] (f.) ブラックベリー	→	mûrier [ミュリエ] (m.)
noisette [ノワゼット] (f.) ヘーゼルナッツ	→	noisetier [ノワズティエ] (m.)
noix [ノワ] (f.) クルミ	→	noyer [ノワイエ] (m.)
olive [オリーヴ] (f.) オリーブ	→	olivier [オリヴィエ] (m.)
orange [オランジュ] (f.) オレンジ	→	oranger [オランジェ] (m.)
pêche [ペシュ] (f.) モモ	→	pêcher [ペシェ] (m.)
poire [ポワール] (f.) 洋ナシ	→	poirier [ポワリエ] (m.)
pomme [ポム] (f.) リンゴ	→	pommier [ポミエ] (m.)
prune [プリュヌ] (f.) プルーン	→	prunier [プリュニエ] (m.)

撮影協力店

André NAVELLOU［アンドレ・ナヴルー］

49, rue Condorcet 75009
TEL 01 48 78 78 90

※本書内の一部の写真は、現在は店を閉めてしまった
　Jungle factoryで撮影させていただきました。

パリ9区のこの場所に店を構えてすでに20年以上のアンドレさんの店。花で溢れる小さなお店は、ショーウインドー越しに近所の人たちがあいさつをして通り過ぎるほどのアットホームさ。「ちょっと花でも買って帰ろうか」と思わせる親しみやすい佇まいに、パリの生活に花が溶け込んでいることを肌で感じられます。

パリのお花屋さんにセンスよく飾られた花を見れば、写真を撮りたいと思う人も多いのでは。でも何も言わずに写真だけを撮って立ち去れば、お店の人もいい気はしないでしょう。せっかくならば一声かけて、堂々と撮らせてもらいましょう。たぶんお店の人も快諾してくれるはず。花を美しいと思う心は世界共通なのだから。

Je peux prendre la photo de fleur?
[ジュ・プ・プランドル・ラ・フォト・ドゥ・フルール]
花の写真を撮ってもいいですか？

Parce qu'elles sont magnifiques!
[パルス・ケル・ソン・マニフィック]
だって美しいんですもの！

著 者
酒巻 洋子（さかまき ようこ）
フリー編集ライター
女子美術大学デザイン科を卒業後、渡仏。パリの料理学校、ル・コルドン・ブルーに留学。帰国後、編集プロダクション、出版社勤務を経てフリーに。2003年再び、渡仏し、現在パリ郊外在住。ブログ「いつものパリ」http://paparis.exblog.jp/にてパリのお散歩写真を公開中。著書に「パン屋さんのフランス語」「お散歩しながらフランス語」「カフェでフランス語」「お家でフランス語」「マルシェでフランス語」「お買い物しながらフランス語」（以上すべて三修社）、「パリのコンフィズリー」（マーブルトロン）などがある。

Remerciements à la famille Péret, à JFL pour leur aide à la réalisation de ce livre.

お花屋(はなや)さんでフランス語(ご)

2010年9月15日　第1刷発行

著　者　酒巻洋子
発行者　前田俊秀
発行所　株式会社三修社
　　　　〒150-0001 東京都渋谷区神宮前2-2-22
　　　　TEL 03-3405-4511　FAX 03-3405-4522
　　　　振替 00190-9-72758
　　　　http://www.sanshusha.co.jp/
　　　　編集担当　菜池 暁

印刷・製本　凸版印刷株式会社

装丁・本文デザイン　秋田康弘

© Yoko Sakamaki 2010 Printed in Japan
ISBN978-4-384-05589-4 C0085

R ＜日本複写権センター委託出版物＞
本書を無断で複写複製〈コピー〉することは、著作権法上の例外を除き、禁じられています。
本書をコピーされる場合は、事前に日本複写権センター（JRRC）の許諾を受けてください。
JRRC〈http://www.jrrc.or.jp　e-mail: info@jrrc.or.jp　tel: 03-3401-2382〉